# 佛教文化十八讲

孙英刚 著

生活·讀書·新知 三联书店

**图书在版编目（CIP）数据**

佛教文化十八讲 / 孙英刚著. —北京：生活·读
书·新知三联书店，2024.2
ISBN 978-7-108-07608-3

Ⅰ.①佛… Ⅱ.①孙… Ⅲ.①佛教－宗教文化－基本
知识 Ⅳ.① B948

中国国家版本馆 CIP 数据核字 (2023) 第 245934 号

责任编辑　饶淑荣
装帧设计　康　健
责任校对　张　睿　常高峰
责任印制　卢　岳
出版发行　生活·讀書·新知 三联书店
　　　　　（北京市东城区美术馆东街 22 号 100010）
网　　址　www.sdxjpc.com
经　　销　新华书店
印　　刷　天津图文方嘉印刷有限公司
版　　次　2024 年 2 月北京第 1 版
　　　　　2024 年 2 月北京第 1 次印刷
开　　本　635 毫米 × 965 毫米　1/16　印张 14
字　　数　163 千字　图 71 幅
印　　数　0,001 - 6,000 册
定　　价　76.00 元
（印装查询：01064002715；邮购查询：01084010542）

# 目 录

# 前　言

在这本小书里，笔者主要想表达三个意思。

第一，中国文明并不是一个保守和闭关锁国的文明。中国文明从最开始就是一个开放的文明，这种持续的开放性是中国文明能够不断更生、延绵不绝的根本原因。古代文明从来不是完全割裂和孤立的，文明间交流的广度和深度，往往超出我们的想象。就算研究中国文明本身，离开对域外文明的理解也是不全面的。从研究方法上说，不仅仅是需要换一个角度彼此看看，或者换套说法重新解释的问题，还需要从失落的历史记忆里打捞文明碎片、重新认识文明本身。解决问题的关键，很多时候不在于自说自话或者各说各话的论争，而在于将（至少一个区域的）人类文明视为整体，从各种狭隘的羁绊（民族、国家、宗教认同等）中拯救历史。

第二，不能简单地将佛教传入中国理解为从印度传入、在中土汉化。佛教并不是直接从印度传入中国的。作为一种近似"异端"的教派，佛教在印度最终并没有占据主导地位。从历史上说，佛教很早就在印度本土衰落了。佛教在今天巴基斯坦和阿富汗地区的发展时期，在佛教史上极为重要。犍陀罗是佛教的飞翔之地。在这里，佛教从一个地方性信仰发展成为一种世界宗教，并且发展出菩萨和一套帝国意识形态；同时，佛像和文本化的佛经也在这里产生了。佛教在犍陀罗的重新酝酿和发展，深刻影响了中国中古文明和汉传佛教。到了隋唐时代，佛教的中心已经到了中国，长安是佛教传法和创新的中心。

第三，历史上的佛教，或者说作为历史文化现象的佛教，不仅仅是一种个人的信仰，而且也曾经是一套意识形态和社会理想，曾经在中古中国的社会和政治中扮演重要的角色。现代理性容易让我们对古人描述的事情充满偏见，认为他们的记载是荒诞的、不可靠的，而忽视了这些记载有自己的知识逻辑和历史记忆的演进规律，是人类历史真实可靠的印迹。如果仅仅阅读儒家知识分子编写的史书，可能完全读不出佛教对中国历史产生的深刻影响。但是通过佛教文献——包括文字的和图像的——我们可以看到一个更加丰富、生动的历史画面。

以上三点，如能对大家理解中国中古文明和佛教文化有所助益，那正是笔者所希望的。

# 第一讲 ｜ 佛教文献中的一位希腊君主

大约有数百年的时间，自亚历山大大帝远征之后，希腊文明曾在今天的西北印度、巴基斯坦和阿富汗地区繁荣过，并对佛教从一个地方性的信仰飞跃成为世界宗教起到了独特的作用。印度－希腊王国（Indo-Greek Kingdom）的君主米南德一世（Menander Ⅰ，统治时期为公元前 165/155—前 130 年）作为一位跟佛教关系微妙的统治者，非常幸运地同时在西方古典文献和东方佛教文献，乃至汉文文献中留下了自己的痕迹。这为我们了解佛教在各种文明和传统浸润中发展的历程洒下了一道曙光。

**图 1** 特洛伊木马，犍陀罗浮雕，大英博物馆。希腊文化对中亚的艺术风格有深刻影响

**图 2** 弥勒立像，拉合尔博物馆。出土于斯里巴哈劳尔大窣堵波。约公元 2 世纪前半叶。波浪形的卷发和上身赤裸的肌肉造型，典型的希腊艺术风格

公元前 327 年，远征的亚历山大大帝征服了巴克特里亚。（"巴克特里亚"是古希腊人称呼今天兴都库什山以北阿富汗斯坦东北部地区的概念，包括兴都库什山麓、今阿富汗大部分地区和塔吉克斯坦的中南部，以及阿姆河中游的部分地区。其地以富庶著称，在中国史籍中谓之"大夏"，而西方史学家和阿拉伯人则称之为"吐火罗斯坦"。）亚历山大帝国崩解之后，留在巴克特里亚的希腊人建立了希腊 - 巴克特里亚王国。后来在德米特里一世（Demetrius Ⅰ of Bactria）等君主扩张下，希腊人的统治范围拓展到西北印度，将犍陀罗等地也纳入了统治范围。在希腊化王国统治时期，早在公元前 3 世纪已传入犍陀罗和巴克特里亚的佛教，获得了统治者持续而坚定的支持，从而走向繁荣。希腊文化的许多元素被佛教吸收，不论是教义还是艺术形式，都发生了重大变化。

从长时段看，印度占据主导地位的始终是婆罗门教，佛教是作为一种类似异端的宗教兴起，并力图打破等级森严的种姓制度的。但是佛教在印度本土的发展并不顺利。在婆罗门教始终强势的背景下，提倡众生平等的佛教屡遭打压。但在犍陀罗和巴克特里亚等地区，希腊后裔的君主及其统治阶层，似乎很自然选择了佛教作为自己的同盟者。这里面可能有很多原因，包括哲学上的契合，以及建立政治合法性的考虑。

米南德统治期间，他征服了包括大夏西部、印度北部乃至今天旁遮普的广大地区，甚至比亚历山大大帝时更为深入印度次大陆。他以舍竭城为首都，建立了一个庞大的印度 - 希腊王国。根据古希腊历史学家斯特拉博（Strabo，公元前 64/63—公元 23 年）的记载，希腊人当时占领了包括巴塔林（Patalen）、索拉什特拉（Saurashtra）、信德（Sind）等广大地区。印度古代经典往世书（Purāṇa）里的《伽尔吉本集》（*Gārgī Samhitā*）记载，当时的希腊人甚至攻破了巽伽王朝（Sunga Empire）首都华氏城

（Pāṭaliputra）的城墙。米南德统治范围之广，也可以由其铸造的钱币广为分布得到证明。在已经发掘的印度－希腊君主铸造的钱币中，米南德一世的钱币数量最多、分布最广。他甚至在西方地理知识体系中也留下了自己的痕迹。比如公元前1世纪托勒密（Claudius Ptolemaeus，约100—170年）绘制的世界地图中，已经开始用"米南德山"（Menander Mons）指代今天位于印度东部的那迦山和阿拉干山脉（Arakan）。米南德对西方世界的影响可见一斑。

米南德一世是中亚的希腊诸王中唯一被佛教文献明确记载的君主，同时他的功业也在西方的希腊－罗马世界得到关注。他的大军从犍陀罗腹地挺进印度，攻城拔寨，建立了一个影响广泛的强权，而印有其头像的钱币被商队携带远至欧洲海岸。米南德一世统治时期，国内似乎较为太平，没有叛乱和动荡的记载。在西方古典文献中，他被描述为一位伟大的仁君，作为像叙拉古的暴君狄奥尼修斯一世（Dionysius I，前432—前367年）的对立面。

有关米南德一世最翔实的文献记载，是南传小部经典《弥兰

**图3** 大英博物馆所藏米南德钱币上的米南德一世头像，带有鲜明的希腊人特征

陀王问经》（*Milinda Pañha*）和汉传佛典《那先比丘经》。《弥兰陀王问经》在缅甸版巴利三藏中位于《经藏·小部》，而在泰国和斯里兰卡版本中属于巴利藏外文献。这部经典的主题是弥兰陀王（也就是米南德一世）向高僧龙军（Nāgasena）问道的集录。

《弥兰陀王问经》中，高僧龙军以问答的方式阐述了涅槃五蕴、佛身、智慧、精进、轮回、缘起、无我和业报等佛教的基本教义，均以各种譬喻说明，劝服米南德一世信奉佛教。比如关于轮回业报，龙军形容为"人生死如车轮，展转相生，无有绝时"，而人的穷通夭寿，都是善恶诸业的果报。汉译《那先比丘经》是《弥兰陀王问经》的同经异译，有两卷本和三卷本两个版本，均收录于《大正藏》第 32 册。此经大概译于东晋，译者佚名，可能是"说一切有部"（Sarvāstivādin）所传的版本。萧梁时代僧祐（445—518 年）的《出三藏记集》中记载了此经。除《那先比丘经》之外，还有《那先譬喻经》四卷和《那先经》一卷，见于经录，但是后两者经文已经散佚。汉译《那先比丘经》和南传《弥兰陀王问经》内容大同小异。比较大的区别在于汉传《那先比丘经》记录到对话结束为止，而南传《弥兰陀王问经》还记载了米南德一世最终放弃王位出家修道、最后涅槃的情节。

高僧龙军在汉传佛典中最初的翻译是"那先"，显然是音译。此后这一高僧的名字在汉语文献中又有多次不同的翻译。约翻译于东晋的两卷本《那先比丘经》卷上，称米南德一世为"弥兰王"，称其"以正法治国，高才有智谋，明于官事，战斗之术无不通达"，在他统治之下，国家"五谷丰贱，家有储蓄，……乐不可言"。而高僧那先来到舍竭国（Sagala，即米南德一世的都城，汉译作舍竭、奢揭罗、沙柯罗、沙竭等，位于今天巴基斯坦的锡亚尔科特），跟随他的弟子"皆复高明"。三卷本《那先比丘经》所用人名、地名的翻译一如两卷本，应该是同一来源的译本。在三卷本《那先比丘经》中，称米南德一世统治的国家为"北方大秦国，国名舍竭"，指明此国的统治阶层带有希腊血统，而首都位于舍竭。它描述了米南德一世统治下的繁荣景象：

> 其国中外安隐，人民皆善。其城四方皆复道行，诸城门皆雕文刻镂。宫中妇女各有处所，诸街市里罗列成行。官道广大，列肆成行。象马车步，男女炽盛乘门，道人、亲戚、工师、细民，及诸小国皆多高明。人民被服五色焜煌，妇女傅白，皆着珠环。国土高燥，珍宝众多。四方贾客，卖买皆以金钱。五谷丰贱，家有储蓄。市边罗卖诸美羹饭，饥即得食。渴饮蒲萄杂酒，乐不可言。其国王字弥兰，以正法治国。弥兰者，高才有智，明世经道，能难去来见在之事，明于官事。战斗之术，智谋无不通达。

汉译《那先比丘经》中对米南德一世统治下的印度–希腊王国进行的生动描述，有文学夸张的成分，但是也似乎部分地反映了当时的一些历史细节。比如米南德统治时期内部安定，商业发达，"卖买皆以金钱"，而且民众喜欢饮用"蒲萄杂酒"，更有意思的是，它形容该国"妇女傅白，皆着珠环"，似乎点明了此时希腊裔女性的一些特征。所谓米南德一世用"正法"统治人民，显然则是佛教典籍对护持佛法的君主的典型描述。类似的文字表述，甚至见于隋文帝的诏书和武则天的政治宣传之中。在中国南北朝隋唐时代，君主护持佛法，以"正法"统治人民，已经变成对佛教理想君主转轮王的典型性描述。

关于那先和米南德一世的对话，在中古时代似乎广为佛教僧侣所熟知，比如唐前期高僧长安西明寺的道世在其著作《法苑珠林》中就有描述，称米南德为弥兰王。不过道世等中土高僧应该不知道这位弥兰王是一位希腊君主。元魏西域三藏吉迦夜和昙曜（就是开凿云冈石窟的昙曜）译《杂宝藏经》卷九记载米南德王与那先的对谈，称"难陀王与那伽斯那共论缘"。"那伽斯那"就是高僧那先，而难陀王应该就是米南德王。显然吉迦夜和昙曜并未受到之前译本的影响，而是按照自己的标准进行了翻译。南朝陈时期，天竺三藏真谛（499—569 年）在译《阿毗达磨俱舍释论》时，也记载了两人的对话，他也将高僧那先的名字翻译为"大德那伽斯那阿罗汉"，而将米南德王翻译为"旻邻陀王"。显然作为印度高僧的真谛，将"Nāgasena"音译为"那伽斯那"，将"Milinda"音译为"旻邻陀王"，从读音上来说，更加接近本尊的原貌。

到了唐代，高僧玄奘（602—664 年）摒弃了之前"那先""那伽斯那"等音译方法，将这位高僧的名字翻译为"龙军"，米南德王的名字则翻译为"毕邻陀王"。"Nāga"在汉译佛典中往往翻译为"龙"，而"Sena"是军队的意思，所以不难理解玄奘是采用了意译的方式重新翻译了这位跟米南德一世对话的高僧的名字。

在《那先比丘经》中，有一段有趣的对话，两个版本内容一致，引三卷本如下：

> 那先问王："王本生何国？"
>
> 王言："我本生大秦国，国名阿荔散。"
>
> 那先问王："阿荔散去是间几里？"
>
> 王言："去二千由旬合八万里。"
>
> 那先问王："颇曾于此遥念本国中事不？"
>
> 王言："然，恒念本国中事耳。"

所谓大秦国，应该是当时中土知识所框架的欧洲世界的代称，因为这一时期罗马已经崛起，汉文资料往往称罗马为大秦，进而可明确此弥兰陀王的希腊背景。而"阿荔散"，显然是"Alexandria"（亚历山大，巴利文作"Alasanda"）的音译。不过亚历山大大帝曾兴建过很多以"亚历山大"命名的城市，对于弥兰陀王所说的"阿荔散"到底是哪一个亚历山大城，我们无法确定。如果按照汉译《那先比丘经》的描述，"去二千由旬合八万里"，则应该是形容异域的常用表达，而不是实际上能够轻易抵达的地方。当然我们不能断言这个"阿荔散"就是埃及的那座代表希腊文化高峰的亚历山大城。与汉译本明显不同的是，《弥兰陀王问经》强调米南德故乡距舍竭城是两百由旬，而不是汉译本的两千由旬。如果是两百由旬的话，学者们就不太相信这个亚历山大城指的是埃及那座著名的城市，更倾向于是位于大夏南部、兴都库什山中的亚历山大城（Alexandria of the Caucasus）。如果依据两百由旬计算，从这里到米南德的都城舍竭城大约是 500 英里，相差不多。然而，无论如何，依据《弥兰陀王问经》的记载，推测米南德一世出生于一个由亚历山大东征建立的希腊城镇应该去史实不远。〔关于米南德的出身，英国古典学家塔恩（William Woodthorpe Tarn，1869—1957 年）认为既然他出生在一个村子，那么应该是平民出身，对此那拉扬进行了驳斥。斯特拉博记载，米南德是欧西德莫斯王族成员，这一点也被普鲁塔克（Plutarch，46—120 年）的记载所印证，他称米南德为"巴克特里亚王"。而且在《弥兰陀王问经》里，弥兰陀也称自己出身王族。〕

《弥兰陀王问经》（汉译《那先比丘经》）的行文结构显然比较特殊。塔恩尤其专研希腊化世界，他猜测这一佛经是改编自一个最初用希腊文写成的文本，而这一文本或许在米南德一世去世后不久就产生了。公元前 2 世纪的《阿里斯狄亚书简》（*Letter of*

*Aristeas*），在塔恩看来，或许就是对《弥兰陀王问经》的模仿。《阿里斯狄亚书简》也是现存最早提及亚历山大图书馆的西方典籍。塔恩推测，在米南德王去世之后大约半个世纪，用希腊文写成的《弥兰陀王问经》已经传到亚历山大图书馆。并没有任何证据证明这一点，但是就如下文笔者将论及的那样，西方世界对米南德一世的去世和葬仪有详细的记载，或许也能佐证记载米南德一世事迹的文本，存在从东方传入西方世界的可能性。有的学者甚至认为高僧龙军也是希腊人，所以他能够熟练地使用西方世界熟悉的柏拉图式的行文风格。这样的话，《弥兰陀王问经》就变成了两个希腊人之间的对话，最初的文本也是由希腊文写成的，后来被吸收进佛教典籍。但是我们必须指出的是，至今这些都是基于逻辑的推测，并没有坚实的史料证据。我们只能说，《弥兰陀王问经》，除内容之外，行文结构也有特殊之处。

米南德和龙军对谈的所在地舍竭城，也即此时印度－希腊王国的都城，在公元 7 世纪迎来了一个途经此地的高僧——玄奘。当然，玄奘仅仅是众多西行求法僧、往来使节、商旅中的一员而已。不同的是，玄奘给我们留下了有关舍竭城（《大唐西域记》作"奢羯罗故城"）的文字记载：

> 垣堵虽坏，基趾尚固，周二十余里。其中更筑小城，周六七里，居人富饶，即此国之故都也。……奢羯罗故城中有一伽蓝，僧徒百余人，并学小乘法。世亲菩萨昔于此中制胜义谛论。其侧窣堵波，高二百余尺，过去四佛于此说法。又有四佛经行遗迹之所。伽蓝西北五六里有窣堵波，高二百余尺，无忧王之所建也，是过去四佛说法之处。

玄奘所记载的这座寺院和佛塔遗迹，很可能是《弥兰陀王问经》

中提到的米南德王为龙军建造的米南德大寺（Milindavihara）。
［弥兰陀王与龙军的故事在南传佛教中影响深远，并形成了地方传统。
比如泰国曼谷著名的皇家寺院菩开奥寺（Wat Phra Keo），供奉着泰国
最负盛名的守护神玉佛。玉佛由七块翡翠绿玉雕成，在头、肩、腹、
膝等部，内藏有九粒佛陀的真身舍利。这一佛教圣物被认为是弥兰陀
王的国师龙军发愿，由天人协助而雕成的。］

　　对于米南德一世是不是佛教徒，塔恩认为《弥兰陀王问经》
的记载并不能证明米南德就是佛教徒，他举了米南德钱币上的雅
典娜像作为证据。实际上就算到了贵霜时代的迦腻色迦，在使用
佛像作为钱币形象之外，也依然使用非佛教的神祇作为钱币形
象。何况在米南德的时代，佛像还没有出现并被广泛使用。尽管
这样，已经发现的米南德钱币上出现了转轮的符号，这也许可以
作为米南德崇信佛教——至少使用佛教进行政治宣传——的实物
证据。这一实物证据正好又可以跟文献的记载对应起来。

　　对于这一钱币符号，有学者认为这是法轮，象征着佛法。但
是塔恩认为并非如此，因为在钱币上除了轮形符号之外，还有一
个希腊文化用来象征胜利的棕榈枝。两者一结合起来，塔恩认

**图4** 米南德一世铜币，大英博物馆。一面是八车辐——可能象征佛教的八正道——的轮
宝，一面是棕榈枝

为，这毫无疑问是转轮王的轮宝，是转轮王的标志。印度著名的历史学家那拉扬（A. K. Narain，1925—2013 年）则认为轮形符号可能是代表转轮王轮宝，但是也并不能否认米南德的确曾投向佛教。转轮王作为一种理想的统一君主（universal monarch），此时或已被佛教吸收，转变成护持佛法的理想统治者。虽然不能确定是米南德自称转轮王，还是被别人拥戴为转轮王，毫无疑问，钱币上的符号证明米南德在一定程度上采用了佛教的政治意识形态和学说。实际上，塔恩也认为，米南德显然是沿袭阿育王的伟业，所以米南德一世采用转轮王的意识形态也就并不奇怪。而且在与米南德一世的对抗中，希腊－巴克特里亚国王欧克拉提德一世（Eucratides Ⅰ）在一枚钱币上称自己为"众王之王"——这也是希腊人最能理解的转轮王的对应含义——出于竞争的考虑，或许米南德一世也称自己为转轮王。

最能支持米南德使用佛教转轮王作为自己的政治意识形态学说的证据，却来自西方古典文献关于他葬礼的记载。

关于米南德一世的去世，佛教文献和西方古典文献记载的完全不同，但是都指向了跟佛教的关联。根据佛教文献《弥兰陀王问经》的记载，米南德一世最终选择了放弃王位，出家修道，最终证得阿罗汉果并涅槃。这一点在南传佛教中广为流传，但是汉传佛教文献中则无。翻译于东晋或者之前的《那先比丘经》中就没有米南德一世出家为僧的记载。不过，米南德出家为僧并不可信，这一情节很可能仅仅是佛教宣传的惯用方式。不论塔恩还是那拉扬都分析并否认了这一点。

而西方古典文献关于米南德一世的去世，记载则与佛教文献完全不同。罗马时代的希腊史家普鲁塔克在自己的著作《道德论集》（*Moralia*）中提到，米南德一世是死于军营之中。康宁汉（Alexander Cunningham，1814—1893 年）爵士推测，随着在印度和兴都库什山脉南部地区的胜利，米南德试图从安息人手中收复巴克特里亚地区。他很可能就死在前往救援塞琉古的德米特里二世（Seleucid Demetrius II）的进军途中。普鲁塔克关于米南德死后葬仪的描述给我们提供了非常丰富的信息。在普鲁塔克看来，米南德是仁君的代表，在其去世之后，其统治之下的城镇因为他的葬礼争吵不休，各城均请求保存其遗骸，争执不下。最终大家达成协议，决定将其骨灰分给诸城，分别建造纪念碑（应该就是"塔"）进行保存和供养。这种葬仪让我们想起佛陀，在佛陀死后，他的舍利被分散建塔，进行供养。

前文我们讨论了米南德一世铸造的带有转轮的钱币，塔恩爵士认为转轮符号仅仅是转轮王的轮宝，但是并不一定跟佛教有关联。这一点那拉扬等学者已经进行了辩正，认为虽然不能确定是米南德自称转轮王，还是被别人拥戴为转轮王，毫无疑问的，钱币上的符号证明米南德在一定程度上采用了佛教的政治意识形态和学说。如果再结合普鲁塔克关于米南德葬仪的描述，可以更加确定米南德在一种程度上使用了佛教作为自己的政治宣传和仪式的理论依据。米南德一世的骨灰被建塔供养，这正是其转轮王身份的标志。实际上佛陀的葬仪，也是从转轮王葬仪沿袭而来的，这一点从汉译佛经中仍能找到相关记载。比如东晋天竺三藏帛尸梨蜜多罗（？—约343年，龟兹人）译《佛说灌顶冢墓因缘四方神咒经》卷六，就记载了佛陀葬仪和转轮王葬仪之间的关系：佛陀涅槃前，阿难询问采用何种仪式。佛告阿难云："汝可语诸末利伽及信心居士我葬之法，如转轮圣王法则无异。"阿难又问转轮圣王的葬法，佛陀回答道：

> 转轮圣王命终之时，王后、太子、诸臣百官，用鲜洁白毡三百余端以缠王身，捣细末香以涂王身。有三种棺，第一

棺者紫磨黄金；第二棺者以铁为棺；第三棺者栴檀杂香。以是三棺盛持王身，灌以苏油，香薪烧之。火尽以后，收取骨末，于四衢道头露净之处，起于冢塔，表刹高妙，高四十九尺。以五色杂彩以为幡号，令四方人民见者悲喜，思王正治，率化臣下。我今圣王般涅槃后，欲为葬法，亦复如是，令十方人思慕正法，学我道言。精勤苦行，昼夜不废，可得至道涅槃之乐。

隋天竺三藏阇那崛多（Jñānagupta，523—600？年，犍陀罗国人）等译《起世经》卷二也记载了转轮王命终后的仪式，但是增加了转轮王七宝的内容，指出是女宝、主藏臣宝和主兵将宝负责葬仪，而且转轮王命终后不久，七宝也随之消亡。

汉译佛经关于佛教转轮王葬仪的描述，尤其是建塔或者叫窣堵波（Stupa）供养的情节，与普鲁塔克的记载非常吻合。普鲁塔克关于米南德一世死后其舍利被分散供养的描述，很容易让我们想起佛教历史上历次的分舍利建塔，包括孔雀王朝的阿育王、贵霜的迦腻色迦、隋朝的隋文帝、武周时期的武则天都将分舍利建塔作为推行佛教、巩固帝国统一的手段。西方古典文献和佛教文献关于米南德一世去世的记载不同，或许正是反映了米南德所建立的印度 – 希腊王国面临的社会结构现状。米南德希望通过佛教安抚本地臣民，同时也保持希腊传统维系希腊裔臣民的忠诚。不过，尽管记载不同，两者都指向了佛教信仰。即便这位希腊君主自己不是佛教徒，他也是佛教僧团的重要赞助者，以至于后者将其视为自己的一员。

毫无疑问，在米南德广袤的领土中，居民是二元结构的，一边是作为征服民族的希腊裔居民，一边是广大的东方本地居民。他的大部分钱币都采用双语，显示他力图照顾各个族群的情绪。

不过很可能，希腊裔居民和当地印度居民的生活方式并不相同，当地居民继续保持等级制度和自己的族群认同，而希腊裔居民很可能居住在修建有围墙的城市和军事殖民点之中。就信仰来说，希腊裔居民某种程度上还信仰着希腊诸神。这一点从米南德铸造的钱币上可以得到证明。

米南德自己也带有希腊王号"Basileus"（巴赛勒斯，希腊语境中的"军事首长"或"王"）的头衔。但是同时，他又拥有"大王"（Maharaja）和"法王"（Dharmaraja）的头衔。很可能，为了应对二元结构的社会体系，米南德采用了二元的政治理论，对希腊居民而言他是拥有军事和祭祀权的巴赛勒斯，对于本地居民而言，他是"大王"和"法王"，以"正法"统治人民。他的头衔及透露出来的宗教、政治信息，主要通过他铸造的钱币上的铭文显示出来。

米南德统治时期国力强盛，商业发达，其铸造的钱币甚多，钱币一面可能是国王的形象，有些看起来很年轻，另一些则为中年形貌；因其在位有二十余年之久，钱币应在不同时期铸成。铭文主要有下面三种：

Basileos Dikaiou Menanrou

Basileos Sothros Menadros

Maharajasa Dharmikasa Menandrasa

米南德一世钱币上的头衔"Basileos Sothros"和"Basileos Dikaiou"带有希腊政治传统的痕迹。"Dikaiou"是"执法者"的意思。"Basileos"也就是英文的"Basileus"（巴赛勒斯），希腊特有的王号。而"Sothros"就是"Soter"，意思是"救世主""救星"。"救世主"这一头衔在希腊世界具有崇高的地位和意义，并不是所有君主都可以加上"救世主"的头衔。比较有名的拥有"救世主"头衔的希腊君主，比如在埃及称王的托勒密一世（Ptolemy Ⅰ Soter，前367—前283年）和塞琉古帝国的安条克一世（Antiochus Ⅰ Soter，前324/323—前261年）。没有伟大的军功，是不能拥有"救世主"头衔的。比如安条克一世，之所以得到"救世主"头衔，是因为他于公元前275年击败了入侵小亚细亚的加拉太人，拯救了爱奥尼亚的希腊城邦。米南德一世钱币上的铭文显示他也拥有"救世主"头衔，或许反映了他的赫赫武功和保卫希腊－印度王国的功绩。由此可见，米南德的头衔"Basileos Sothros"（救世主王）仍带有强烈的希腊传统的风格。

大部分的米南德钱币都用双语铭文，前面用希腊文，背面用佉卢文，这种情况在希腊世界的其他地区比较少见。佉卢文又名犍陀罗文，曾通用于印度西北部、巴基斯坦、阿富汗一带，最早发现的佉卢文可追溯至公元前251年，公元3世纪以后逐渐消失，但在丝绸之路各地仍被使用，可能一直到7世纪才彻底被遗弃。米南德之后，许多印度－希腊君主开始采用巴利文头衔"Dharmikasa"（正法的追随者）。之前的佛教大法王阿育王有一

**图5** 一种米南德银币，正面铭文是希腊文，意为"巴赛勒斯、救主、米南德"，背面是佉卢文铭文"Maharajasa Dharmikasa Menandrasa"，也即"大王、执法者、米南德"

个头衔是"Dharmaraja"（法王），两者之间的意涵或许有类似的地方。但是也有学者认为，"Dharmikasa"的头衔，或许只是强调他统治公正，或许并没有强烈的宗教色彩。不过，结合其他证据，我们依然可以推断，至少，在米南德统治时期，佛教在政治和社会生活中扮演了重要的角色。除了古希腊文献关于他葬礼的记载，在原先他统治故地出土的文献资料也可以证明这一点。

根据《米兰陀王问经》的记载，他手下的大臣不少是希腊人，但是这些希腊人的名字被做了改写，比如大臣 Devamantiya 的名字，应该是希腊文的"Demetrius"；大臣 Anantakaya 的名字，应该是希腊文的"Antiochus"；等等。可见在当时的政治结构中，希腊人似乎仍占据比例较大的重要职位。而且在米南德统治时期，似乎出现了希腊佛教僧侣巡礼的活动。斯里兰卡古代巴利文历史文献《大史》（*Mahavamsa*）中记载有希腊佛教僧侣参加杜图盖马尼王（Dutthagamani，前 161—前 137 年）修建大塔（Mahathupa）的典礼内容："从希腊人（Yonas）之城亚历山大（Alasanda），希腊人高僧大法盾（Mahadhammarakkhita）率领三万人的僧团前来。"在印度文献中，希腊人被称为"Yavanas"（可能是来自"Ionians"，巴利文作"Yona"，汉文史籍中的大宛），在《弥兰陀王问经》中就用这一名称指代米南德代表的族群。这或许至少能够说明，在米南德的时代，在今天的西北印度和阿富汗地区，可能存在人数众多的佛教僧团，而希腊裔僧人在其中扮演重要的角色。也可以说，佛教在贵霜帝国之前，已经在中亚地区获得了发展。

在米南德统治下，地方长官 meridarchs（类似总督）在佛教信仰中扮演了重要角色。从犍陀罗西部地区的佛塔遗迹出土的两个舍利容器，上面的铭文提到米南德的名字。第一个是出土于巴蕉尔（Bajaur）地区，铭文显示是地方长官 Viyakamitra 所供养，上面提到"大王"米南德的名字；第二个舍利函出土于斯瓦特（Swat）谷地，其铭文讲述了地方长官狄奥多鲁斯（Theodorus）为了人民福祉而保存供养佛陀舍利。两个铭文都是用佉卢文写成，此时很多希腊居民都是讲双语的。其中狄奥多鲁斯的舍利函铭文写作：

> 为了大众的福祉，总督狄奥多鲁斯供奉佛祖释迦牟尼的神圣舍利（于此）。

如果地方长官存在建塔供养舍利的行为的话，也许我们可以推测，作为最高统治者的米南德本人或也存在建塔供养佛陀舍利的行为。而在他死后，他的骨灰也如佛陀一样，被诸城平分，建塔供养，也就不难理解了。佛教传入中国，舍利供养成为中国中古时代政治、信仰世界的重要情节，甚至被隋文帝、武则天等君主视为树立自己佛教转轮王权威的重要步骤和仪式。

从巴尔胡特（Bharhut）一座佛塔中发现的浮雕，表现的是一个异族武士，装束带有鲜明希腊风格，在其左手是一束植物，而他的刀鞘上面则赫然出现了佛教三宝符号"Triratana"。

作为统治集团核心力量的希腊族群毕竟只占人口的少数。我们或可揣测，米南德等希腊君主最终选择佛教作为自己意识形态和宗教信仰的一部分，很可能有意识或者无意识地存在统治上的考虑。佛教虽然发端于今天印度的东北部，但是真正从一个地方性信仰发展成为一个世界性宗教，一个重要的阶段就是在犍陀罗地区的重构。这里是佛教的飞翔之地。而希腊文明在其中扮演了不可否认的角色。对米南德来说，佛教否认社会等级，认为众生平等，对原先婆罗门阶层高高在上的社会地位是一个冲击。这对作为外来统治者的希腊君主而言，正是求之不得的。如果这些推

**图 6** 希腊战士，加尔各答印度博物馆，米南德时期，巴尔胡特出土，刀鞘上有
佛教符号

测成立的话,《弥兰陀王问经》中希腊君主米南德一世和佛教高僧龙军的对话,展现的是作为外来的世俗王权和本地的佛教教团的某种意义上的思想和信仰的结盟。

如果跟中国历史对照,在米南德崛起并扶持佛教的时候,在中国经历了七国之乱和汉武帝上台。在米南德的鼎盛时期,公元前138年,中国历史上伟大的探险家张骞辞别了汉武帝,踏上了西寻大月氏之路。在米南德去世后两年,张骞逃出匈奴并抵达了大夏的蓝氏城。这一凿空之旅,开启了中国文明和西域文明更为广阔的接触和融合之路。

米南德一世之后,印度-希腊王国陷入动乱和内战,他的王后可能是"印度人的国王"德米特里一世的女儿或者孙女。他去世之后,由王后摄政,幼子特拉索(Thraso)继位,但国家陷入分裂,国势逐渐衰落。米南德的印度-希腊王国是希腊人在中亚和印度的最后一个强大政权,之后希腊人就陷入了四分五裂的状态。此时,塞人和大月氏等游牧民族入侵,更是雪上加霜。希腊人的后方巴克特里亚首先被占领,在印度的希腊人被彻底切断了退路,之后本土化加速,希腊文化最终消失在印度本土文化的汪洋大海之中。

# 第二讲 ｜ 双肩出火的迦腻色迦

公元 630 年左右，西行求法的高僧玄奘到达了迦毕试国（今天的阿富汗贝格拉姆附近）。在这里，他听闻了一个贵霜帝国君主迦腻色迦（Kanishka Ⅰ，约 127—150 年在位）降服龙王的故事。在迦毕试北边兴都库什山中有一个龙池，内有恶龙。因为前世孽缘，恶龙经常兴起暴风雨，摧拔树木。迦腻色迦在雪山下建立伽蓝、窣堵波，也被龙王毁坏。屡建屡毁之后，迦腻色迦大怒，兴兵讨伐，准备将龙池填埋。龙王显出神通，声震雷动，沙石如雨，军马惊骇。迦腻色迦乃归命三宝，请求佛法加护。他发愿说："宿殖多福，得为人王。威慑强敌，统赡部州。今为龙畜所屈，诚乃我之薄福也。愿诸福力于今现前。"发愿完毕，迦腻色迦"即于两肩起大烟焰"。结果龙王震惧，向迦腻色迦屈服。

迦腻色迦的名字在汉文佛教文献中经常出现，被奉为护持佛法的重要君主，是阿育王（King Asoka）之后最有名的佛教转轮王。但是在汉文世俗文献和巴利文文献中，却找不到他的任何记载。《后汉书·西域传》记载了其曾祖父丘就却（Kujula Kadphises，约 30—80 年在位）和祖父阎膏珍（丘就却之子，Vima Takto，80—110 年在位）的功业，包括丘就却侵安息、取高附（喀布尔）、灭濮达和罽宾，以及阎膏珍攻灭天竺、设立副王等，却只字未提将贵霜帝国带到鼎盛期的迦腻色迦。考虑到迦腻色迦在历史上的地位，可以推测这是由于历史记忆断裂或者信息不畅通造成的。汉文官修史书中没有关于他的记载，这不是说他的影响力不够，反而相反，说明他的影响力很大。当汉朝势力强大时，对西域的情况了解更多，记录也比较详细。但是当汉朝势力退却时，因为交通隔绝等各种因素，有关中亚的信息就因为缺乏官方通报而变得模糊。

实际上，在迦腻色迦统治时期，贵霜帝国达到鼎盛，其势力甚至越过葱岭，对东边的塔里木盆地进行干涉，成为于阗、疏勒等国的宗主国。根据《于阗国授记》的一条记载，迦腻色迦甚至征调于阗、龟兹国王率军参加他主导的对印度本土的入侵，占领娑枳多城（Saketa），抢夺许多舍利。

玄奘记载的这个故事中，有一处细节很有意思：迦腻色迦双肩起大烟焰，就让龙王吓得投降了。而这个神通，根据玄奘的记载，源于迦腻色迦统治南瞻部洲为王的福力。唐初道宣在其《释迦方志》中讲述转轮王与四洲的关系，强调"言赡部者，中梵天音，唐言译为轮王居处"。虽然这是一个不准确的解释，却反映了当时的一种普遍观念。迦腻色迦自称"统赡部州"，标明自己转轮王的身份。而迦腻色迦双肩发出烟焰，降服龙王，这一神通，是其"福力于今现前"的结果。有关迦腻色迦双肩出火的传说，几经辗转，影响了后世的历史记忆。

这让我们想起唐代段成式《酉阳杂俎》中记载的另一个故事。在这个故事里，乾陀国昔有王神勇多谋，号伽当（一曰"加色伽当"），讨袭诸国，所向悉降。南印度国娑陀婆恨王（Sātavāhana）用郁金香将细缕染上手印，使伽当王受到侮辱。伽当王发兵讨伐。娑陀婆恨王藏匿地窟中，让大臣告诉伽当王：本国虽有王名，其实只是用黄金打造的雕像，国家是大臣们在运行。于是铸金人送给来讨伐的伽当王。伽当王"自恃福力",断金人手足,结果藏匿在地窟中的娑陀婆恨王的手足也自动掉落。乾陀国,即犍陀罗。伽当,或者加色伽当,就是迦腻色迦。这个故事,并不见于《大唐西域记》和《大慈恩寺三藏法师传》的记载,列维(Sylvain Lévi)认为,这个信息来源是出使天竺的大唐使者王玄策。

段成式记载的这个故事,看似荒唐,但也并非他的杜撰。一直到 11 世纪,迦腻色迦用转轮王的福力斩掉了对手国王手足的故事依然在喀布尔地区流传。伊斯兰学者比鲁尼(Alberuni)撰成于 1030 年的《印度志》(Ta'rikh al-Hind)中记载了类似的故事,只不过在比鲁尼记载的故事中,手印变成了脚印,被讨伐

**图 7** 迦腻色迦雕像,马土拉博物馆。高 1.85 米,公元 2 世纪,其裙摆中间的铭文云:"大王、众王之王、天子、迦腻色迦。"这一头衔显示他作为"统一君主"(universal ruler)的身份,也或许标识其转轮王的身份——转轮王即统一君主,而不是分裂政权的小王

的国家变成了卡瑙季（Kanoj，更为人所知的名字是"曲女城"）。在讨伐中，迦腻色迦的大军被误导进入沙漠，他用长矛戳在地上，水立即涌出，同时对方国王的手足自动掉落。迦腻色迦手持长矛的形象，似乎就是出现在其钱币上的武士形象，而且，这很容易让人想起于阗和藏文文献中描绘的迦腻色迦。

玄奘留给我们的有关迦腻色迦双肩出火的传说，并不是他的想象和胡言乱语。迦腻色迦的钱币上就赫然出现了君主双肩出火的形象。比如大英博物馆所藏的一枚迦腻色迦金币，背面是佛陀，身着通肩式佛衣，正面而立，右手施无畏印，左手拖拽佛衣的一角。左侧有希腊铭文"BODDO"，即"佛"。贵霜钱币背面往往刻画着各种神祇，希腊的、伊朗的、印度的。很显然，在这枚金币上，佛陀也被视为神，而不再是人间的导师——这是大乘佛教的重要理念。从某种意义上说，佛陀并不同于其他的诸神，佛教的理念里应该是没有神灵的。佛陀被赋予神的形象，恐怕是犍陀罗地区的发明。我们最感兴趣的图像出现在金币的正面：作为君主的迦腻色迦，穿着厚重的服饰，长长的靴子，手持长矛，右手指向火坛，在其双肩上，发出锯齿状的火焰。

**图 8** 带有佛陀形象的迦腻色迦金币。正面，铭文意为"众王之王、贵霜王迦腻色迦"。反面，佛陀形象，带有希腊风格，手施无畏印，右边为迦腻色迦的画押

迦腻色迦肩膀上发出的火焰，并不是特例。至少早在其父亲威玛·卡德菲塞斯（Vima Kadphises，约110—127年在位）的钱币上，就已经出现了双肩出火的君主形象。而且，在贵霜帝国晚期的君主波调（Vāsudeva，约191—232年在位）的钱币上，其君主形象也带有焰肩。[除了双肩出火的形象之外，贵霜君主的超自然神通或者说其神圣性，还通过头光的形式来表达。波调的钱币上，除了焰肩的形象，也有君主带有头光的形象。波调一般认为就是汉文史料中对贵霜君主韦苏提婆（Vāsudeva）的称呼，从其名字看，他是第一个用印度教神祇来给自己命名的君主，可能表明在他统治时期，印度教成为官方支持的信仰。]用以宣扬君主神圣性的双肩出火形象，贯穿了贵霜帝国的大部分历史时期，可以说是贵霜王权的重要符号。这种君主造型，在贵霜王朝之前，并没有前例，而在之后，似乎也被抛弃了，比如印度的笈多王朝，没有再见到类似的君主形象。从迦腻色迦的这枚金币看，君主有双肩出火（即焰肩），但是佛陀没有这一特征。或许说明这时候还没有用这一描述君主的符号来描绘佛陀。

玄奘记载的迦腻色迦降服龙王的地点是迦毕试，这里是贵霜帝国的夏都，位于兴都库什山的南麓。近代以来，从其核心区贝格拉姆出土了大量珍贵的文物，这些已为大家熟知。从艺术风

**图9** 威玛·卡德菲塞斯金币，大英博物馆。其双肩发出的火焰更加清晰

格来看，从这一地区的绍托拉克（Shadolak）、派特瓦（Paitava）等遗迹出土的佛陀造像，跟广义的犍陀罗佛像有显著的区别。比如，迦毕试的佛像特别突出佛陀的伟大，带有"反写实主义"风格，或者说浓厚的宗教神秘主义色彩。迦毕试的佛像贯彻着强调佛陀神通的思路，比如佛陀的头光和背光用火焰纹装饰，头光边缘呈现锯齿状。最为突出的就是大家熟知的双神变——佛像上身出火，下身出水。双肩出火、脚下出水的造型，很直接地表现了释迦牟尼、燃灯佛以及君主超凡神圣的特征。最具有代表意义的是派特瓦出土的《舍卫城神变大奇迹佛》和绍托拉克出土的《燃灯佛授记本生立像》。迦毕试式样显然是宗教色彩浓于人文色彩，呈现出概括的、正面的、神秘的直拙特征。佛陀从带有常人特点

**图 10** 双神变，迦毕试式样，阿富汗国家博物馆

图 11 双神变，迦毕试式样，集美博物馆馆藏，高 81 厘米，镀金

的导师形象，转变为具有神秘、威力巨大的神通的神明。佛陀通过展现神通，驯服外道，说服信徒。迦毕试佛陀造像的变化，或许反映了佛教思想和传教方式的变迁。

佛像双肩发出火焰的造像，主要出现于迦毕试中部地区。焰肩佛的造型，似乎是迦毕试的传统。这种双肩发出火焰的造型，不仅见于释迦牟尼的双神变，而且见于燃灯佛，以及佛陀结禅定印、结跏趺坐的场景中——犍陀罗其他地区很少看到。一般认为这是犍陀罗佛教艺术的晚期形式之一，兴盛于公元 4、5 世纪。最早传入中国的犍陀罗佛像，应有不少是带有火焰及背光的迦毕试风格的佛像。新疆地区的克孜尔石窟（第 207 窟壁画）、吐鲁番的拜西哈尔千佛洞（第 3 窟壁画）和鄯善的吐峪沟石窟壁画都能看到燃肩佛像。这种模式也依次进入了中国、朝鲜、日本，成为东亚佛教艺术中一种常见的模式。

佛像在创制过程中，常常采用王者的形象和符号来装扮。比如佛和转轮王都有三十二相，甚至佛和转轮王的葬礼也都一样。从时间顺序上分析，迦毕试佛像出现双肩出火的形象，要远远晚于贵霜早期君主的同类形象。所以或许可以推断，这种双肩出火的表现形式，很可能是后来佛教借用了描绘君主的手法来描绘佛陀，展现其神圣的特质。不少学者比如田边胜美，都认为这是通过帝王双肩出火的形象，将佛像完成神格化。田边甚至认为，双肩出火、脚下出水的双神变造像，是通过征服龙王，将伊朗宗教系统中的胜利之神乌鲁斯拉古那（Verethraghna）吸纳到佛教中来。这种解释颇为牵强，恐怕不能成立。从逻辑上说，佛陀从人间导师成为大乘佛教的最高神，即便佛教要吸收拜火教的一些元素来装扮佛陀，也会从其最高神阿胡拉·玛兹达下手。

很幸运的是，这一点被出土的文物佐证。1979 年，乌兹别克斯坦的卡拉特佩（Kara-tepe）遗址出土了带有"佛陀－玛兹达"（Buddha-Mazda）铭文的壁画。壁画中，佛陀结跏趺坐，结禅定印。最令人瞩目的是，佛像的背光明显由发出的火焰组成。结合铭文中的"佛陀－玛兹达"字样，似乎可以推定这是一尊佛教的佛陀和祆教的阿胡拉·玛兹达合体的佛像。也有学者认为，阿胡拉·玛兹达是"智慧"之意，将其加在"佛"之前构成"玛兹达－佛"，意思是"明佛"。我们姑且不做进一步的推论，不过至少可以说，这是佛教吸收了祆教最高神及其拜火特征融合而成的一种艺术形象。或许迦腻色迦的双肩出火形象，是吸收了伊朗文化传统的产物。

　　佛陀的焰肩是不是借用了贵霜君主的焰肩造型，我们并没有文字的证据，只能做图像和逻辑上的联想。但可以肯定的是，迦腻色迦等贵霜君主双肩出火，是一种王权的符号，是一种象征帝王权威的光芒。迦腻色迦的焰肩，大多数学者认为跟伊朗传统有关，体现的是君主的权威和神力。在上述迦腻色迦金币上，迦腻色迦确实手指向火坛，似乎是向火坛献祭。在贵霜帝国晚期，表现君主神圣性的方式，更多是给君主画上背光，而不是之前双肩画上火焰。比如曾经到曹魏求援的贵霜君主波调的钱币上，其形象就是背光。

**图 12** 波调的钱币，背面是印度教湿婆神，正面君主带有背光

但是，故事往往有另一面——这样画面才更完整。我们首先想到的是，这种上身出火、脚下出水的神通，在佛教传统和教义中，是否有自己的逻辑。在佛教教义里，佛陀具有十种功德，其中之一是明行具足。神通本就是佛陀的功德之一。在佛教故事里，佛陀和转轮王都具备超自然的神通，能够降服强大的邪神和对手。

佛陀具有光明的属性，正如《法句经》中将其描述为日夜发光、摧毁黑暗的形象。在佛教典籍中，佛陀在舍卫城展现神通，其中就包括水火双神变，身下出火，身上出水，或者身上出火，身下出水，最终挫败了外道的挑战。这是佛传故事中很重要的一个场景。宫治昭也认为，双肩出火这种表达方式，基本意涵很可能还是佛教的火光定。佛陀在进入火光定之后，就展现出这样的神通。其实，描述这一神通的语句，在佛教文献中比比皆是。比如佛陀弟子迦叶展现神通："迦叶入火定已，身中便出种种火焰，青、黄、赤、白中水精色，下身出火，上身出水，上身出火，下身出水。"又比如辟支佛展现神通，"身上出水，身下出火；身下出水，身上出火"。鸠摩罗什译《摩诃般若波罗蜜经》提到，当拥有菩萨摩诃萨行般若波罗蜜时，就能"身出烟焰如大火聚，身中出水如雪山水流"。《杂宝藏经》记载了一个"罗汉祇夜多驱恶龙入海缘"的故事。这个故事里的祇夜多，是跟迦腻色迦关系密切的高僧。根据记载，他能够降服龙王，似乎跟禅定有关，从这个角度讲，迦腻色迦降服龙王，是典型的佛教叙事。

最有意思的是，佛典中最频繁提到的双神变情节，都跟佛陀的弟子迦叶有关。故事的基本情节是：佛陀让迦叶给众人展示神通，展示完毕后迦叶告诉大家，自己是佛陀的弟子——意思是自己神通再大，也还是佛陀的弟子——通过这样让大家认识到佛陀的伟大。比如隋代阇那崛多译《佛本行集经》描述迦叶展现神通，"身出烟焰"。更多的描述广泛见于《中阿含经》《杂阿含经》。但是，佛陀为什么要迦叶展示神通呢？《杂阿含经》中写到，佛陀要求迦叶"弃汝先所奉事火等众事。今可说其义，舍事火之由"。也就是说，佛陀要迦叶告诉大家，他为什么要放弃拜火，转奉佛教。

在佛传故事中，佛教发展的重要一环，是佛陀收服大迦叶僧团。而收服迦叶，重要的一件事是佛陀降服火神庙的龙王（Nāga of Uruvilvā）。如东吴支谦译《佛说太子瑞应本起经》描述此事：佛陀向迦叶借住"火室"（内有毒龙）一晚。佛陀进去之后，毒龙大怒，身中出烟，佛陀入禅定，也现出神通，身中出烟；龙大怒，全身出火，佛陀也身出火光。火室俱焚。最后佛陀

**图13**《降服毒龙》，密歇根大学艺术博物馆。画面生动有趣，展现了迦叶及其弟子们运水救火的场景。有的弟子攀爬到火室顶部往下浇水。毒龙呈蛇状，在佛陀的台座前，似乎即将被佛钵所收

收服火龙，将其收入佛钵。佛陀收服火神庙的火龙，和迦腻色迦收服迦毕试的龙王，从叙事结构和内容上，都有很相似的地方。从某种意义上说，佛陀和转轮王都具有超自然的神通，可以降服强大的邪神。双肩出火的佛像，在迦毕试地区广泛存在。佛陀降服火龙，象征着佛教对异教（拜火教或者琐罗亚斯德教）的胜利。

我们并不能完全认定迦叶就是祆教徒，但是至少说明，佛教在发展过程中吸收了一些其他宗教的仪式和思想元素，这些外来元素和自身的传统，共同影响了佛教文献的叙事，也影响了佛教艺术的发展。

# 第三讲 | 艾娜克佛教浮雕的信仰与政治

2015 年，一则信息突然在微信圈广为流传，说阿富汗艾娜克（Mes Aynak）发现了重要的佛教遗址，出土的文物可以填满整个阿富汗国家博物馆。这则消息虽然有所夸大，但艾娜克出土的佛教文物，确实对我们理解佛教的发展史和人类文明的交会融合很有价值。我们这里谈到的是出土自艾娜克的一块佛教浮雕，这块背面绘有疑似彩色佛传故事的浮雕可谓独一无二，展示了当时佛教信仰的一些重要层面；而这些层面，对理解中国中古文明本身也很有启发。

艾娜克，在普什图语中是"小铜矿"的意思——"Mes"的意思就是"铜"。佛教遗址位于阿富汗首都喀布尔东南 38 公里处的一块荒芜的土地上，海拔 2450 米，属于卢格尔（Logar）省。在这里，发现了 400 多座佛塔、佛像以及百余英亩的佛教寺院群。除佛教遗址外，还发现了两座军事堡垒、一座琐罗亚斯德教的寺院、一座铸币场，以及采铜场和矿工的生活区。目前主要挖掘的是哈梅德（Gol Hamid）佛寺遗址、卡费瑞特·特佩（Kafiriat Tepe）寺院遗址以及靠近古代采矿场的瓦里（Baba Wali）村。从这里出土的千余件文物被送往喀布尔的阿富汗国家博物馆保存。艾娜克佛教遗存应该是从贵霜王朝时期开始的，时期是公元 2—8 世纪，可能在 8 世纪后衰落和遭到遗弃。艾娜克出土的最早的钱币属于迦腻色迦，可能正是在这位贵霜君主统治时期，艾娜克繁荣起来，成为矿业中心和佛教中心。

在艾娜克出土的精美壁画、高质量的钱币、泥塑佛像和菩萨像、佛教石雕都清楚地显示，这里跟同时代的佛教中心哈达［今天的贾拉拉巴德（Jalalabad）地区］、巴米扬等地一样，不但是当时的经济中心，而且是佛教艺术的中心。犍陀罗曾经是人类文明的十字路口，来自希腊、波斯、印度的不同信仰和艺术在这里交会。艾娜克的考古发现，唤起了其作为犍陀罗经济中心和信仰中心，以及中亚丝绸之路重要节点的历史记忆。艾娜克的地理位置非常特殊，跟大犍陀罗地区的重要文明点都相距不远。沿着丝路商队或者中古时代西行巡礼的中国僧人的脚步，从艾娜克出发，往东就是保存了众多佛陀遗物的那竭国（即贾拉拉巴德），进入白沙瓦平原，就到了贵霜帝国的都城布路沙不逻（Puruṣapura），也就是中国文献中的富楼沙和今天的巴基斯坦白沙瓦；往西就通往巴米扬，可以看到这里的两座巨佛。

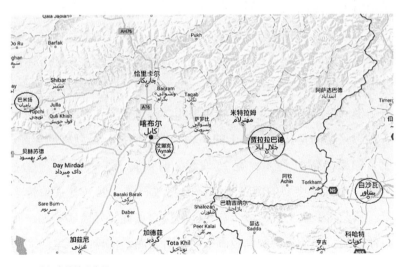

**图 14** 艾娜克的地理位置

艾娜克成为犍陀罗地区的经济中心、信仰中心和艺术中心，不同于巴米扬、迦毕试等地的重要原因，是它的经济形态。跟巴米扬和迦毕试不同——两者的繁荣跟丝路的贸易紧密相关——艾娜克的繁荣，主要的原因可能是铜矿开采带来的源源不断的收入。艾娜克遗址下方是一条绵延数公里的铜矿矿脉，储量据说有上千万吨，是世界上最大的未开发矿床之一。也正是这个原因，2007年，中国的中冶集团跟阿富汗政府签订了30年高达30亿美元的开采合同。在佛教遗址层下面发现了更加古老的青铜时代的遗迹，就包括一座冶铜场。显然，在艾娜克作为佛教中心兴起之前，这里蕴藏丰富的铜矿已经为人所知，并开始了开采。佛教和商业贸易的紧密关系广为所知，但是佛教和类似采矿的工业生产之间的关系，之前却鲜为人知。在这个意义上说，艾娜克的考古发现可谓史无前例，填补了佛教史的重要空白。至少说明，佛教经济体系可能比我们之前预想的要复杂得多。铜矿为佛教寺院带来了巨大的财富，经济的繁荣、人口的聚集，也让这里成为重要的佛教中心。这一点可以从艾娜克出土的众多精美的佛教艺术品中窥见一斑。

艾娜克出土的佛教艺术品中，包括大量精美的泥塑佛像，有的可能高达四五米，上面仍残留各种颜色的彩绘痕迹。甚至还包括一座高20厘米的木雕佛坐像，是至今唯一保存完整的犍陀罗木制坐佛，佛陀结跏趺坐，施无畏印，端坐于莲花座上。但是笔者最感兴趣的是艾娜克出土的一块"燃灯佛授记"题材的浮雕，镀金彩绘，高41厘米，宽25厘米，时代属于3—5世纪。这一片岩浮雕，是典型的犍陀罗风格的佛教石雕，但是有其独特之处。从艺术形式上看，镀金彩绘能够保存如此完好已属罕见，而且浮雕的背面是彩绘的佛教画——笔者猜测是佛传故事里的"初转法轮"；更为重要的，它提供了丰富的历史信息，而这些信息，

图 15 艾娜克出土的镀金石膏佛陀面相，阿富汗国家博物馆

**图 16** 艾娜克出土的《燃灯佛授记》浮雕正面，阿富汗国家博物馆

在之前出土的文物或者文献记载里，并未发现。令人欣喜的是，它们可以让我们对佛教史和中古史上的一些重大问题有更加清晰的认识。

在释迦牟尼的历劫修行中，燃灯佛授记是其成佛的关键一步。作为过去佛的燃灯佛预言释迦牟尼将在未来成佛，这是释迦牟尼成佛的关键一步，也是其正当性的来源。从逻辑上讲，燃灯佛授记既是释迦牟尼历劫修行的本生故事的终结，又是释迦牟尼修行成道的佛传故事的开端，意义重大。这种通过"授记"（肤浅地说，也就是预言，赋予一方神圣性）传法的逻辑，跟释迦牟尼预言弥勒菩萨会在未来成佛的预言，是一样的。简单地说，过去佛燃灯佛为释迦牟尼授记，现在佛释迦牟尼为未来佛弥勒授记。这种授记的思想，从佛教传入中国之初，就进入中国了。有关燃灯佛为释迦牟尼授记的记载，广泛出现在汉文译经中，比如东汉竺大力、康孟详译《修行本起经》，东吴支谦译《佛说太子瑞应本起经》，等等。这个故事情节简单概括，就是作为释迦牟尼前世的儒童，买了五茎莲花礼敬燃灯佛，并以头发铺在地上让燃灯佛得以跨过泥泞（即"布发掩泥"），产生种种异象（洒向燃灯佛的莲花停住在空中，儒童升入虚空向燃灯佛礼拜），最后燃灯佛做出预言，说儒童将来会成为释迦牟尼佛。

艾娜克出土的这块《燃灯佛授记》浮雕，采用犍陀罗艺术中常见的一图多景的手法描述了上述故事。浮雕中包括"布发掩泥"的儒童（将来的释迦牟尼）、手持莲花的儒童、升入虚空礼拜的儒童，分别表现三个情节。燃灯佛形象高大，结无畏印，占据画面的主要部分。在其头顶，是停在空中而不坠落的莲花。如果仅仅从这些画面细节看，似乎这块浮雕跟其他犍陀罗出土的《燃灯佛授记》并没有什么不同。但是，如果我们把浮雕基座的内容也纳入到图景中，就会发现，这是一块之前从未发现的类型——在浮雕基座上，出现了四人手持莲花礼敬佛钵（Pātra）的景象。佛钵位于中央，两边分别站立着两人，一僧一俗，相互对应。可以说，将佛钵信仰和燃灯佛授记连在一起，这是唯一的图像实物证据。

我们先来看看艾娜克和燃灯佛授记信仰的关系，然后再来分析为什么佛钵出现在了这一看似毫无关联的浮雕上。"燃灯佛授记"，是犍陀罗佛教艺术中的一个重要主题，出土的数量之多令人惊讶。但是令人奇怪的是，这一艺术主题，在印度本土很少见到，主要就出土于今天的贾拉拉巴德和迦毕试地区。可以推测的是，燃灯佛授记思想，应该是佛教在犍陀罗地区重塑的一个结果。佛教中心从东北印度往犍陀罗地区转移，带来了新的观念和艺术形式。作为历史人物的佛陀可能从未到过犍陀罗，但是佛教文献记载，燃灯佛为释迦牟尼的前世——儒童授记，地点就是在今天的贾拉拉巴德地区，玄奘称其为那揭罗曷国（Naharahara），也就是汉文史料中屡屡出现的那竭国。玄奘在《大唐西域记》卷二特别记载了哪里是燃灯佛为儒童授记的地方，哪里是儒童"布发掩泥"处，哪里是儒童买莲花的地方。燃灯佛授记的信仰和圣迹，可能是犍陀罗"再造"佛教圣地运动的一部分。我们感兴趣的是，燃灯佛授记"发生"的地点，就在艾娜克以东不远的贾拉拉巴德。这让燃灯佛授记这一主题，带有了地方信仰的色彩。

而这一浮雕基座上的佛钵，是重要的佛教圣物。艾娜克繁荣的时代，它就保存在贵霜帝国的都城布路沙不逻，也就是今天的白沙瓦。也就是说，这一浮雕基座上描述的景象，也是艾娜克的僧俗大众所熟知、在现实中存在的场面。作为距离首都不远的经济中心艾娜克的居民，其中不少人应该曾去布路沙不逻亲身礼拜佛钵。

根据文献（主要是汉文佛教文献，比如《马鸣菩萨传》

《付法藏因缘传》等）的记载，佛钵是贵霜皇帝迦腻色迦在公元2世纪前半期，从佛陀故地毗舍离（Vaiśālī）或者华氏城（Pāṭaliputra）抢到国都布路沙不逻的。也是基于这些记载，2014年，印度要求阿富汗政府归还现在放置在阿富汗国家博物馆入口处的"佛钵"。正如研究中亚佛教的学者们认为的那样，将佛钵抢到布路沙不逻，是迦腻色迦打造佛教中心的重要手段。比如桑山正进就认为，以佛钵为中心，犍陀罗成为新的佛教中心。至少在法显的时代，来自中土的西行巡礼求法的僧人以及来自印度的僧人，以前往今天的白沙瓦朝觐佛钵，然后西行去那竭朝觐佛陀遗物为荣耀。而这两件事——富楼沙的佛钵和那竭国的燃灯佛授记圣迹——都在我们讨论的这件艾娜克出土的浮雕中出现了。

　　这万里之外的事，跟中国中古史有什么关系呢？其实关系很大。佛教在亚洲大陆的兴起与传播，不但是宗教信仰的输出输入，而且也是政治意识形态的融合激荡。在佛教传入中国之初，佛教有关理想世俗君主转轮王的观念就传入了中国。中国传统的

**图17** 供养佛钵，两侧是交脚弥勒，公元3—4世纪，东京国立博物馆。佛钵供养是和弥勒连在一起的

君主理念是"天子"，围绕着"天子"理念则是"天命""五德终始""天人感应"等政治理念，以及"封禅""禅让""革命"等政治仪式和行为，形成一整套的有关君主的理论。佛教转轮王则是另外一套关于君主的论述：累世功德的集聚、统一君主、护持佛法等等，它们和弥勒信仰结合，成为佛教转轮王观念的内涵。正如很多学者指出的那样，佛钵是跟弥勒信仰和转轮王观念密切相关的"圣物"或者符号。佛钵本质上是最重要的舍利，在很长的历史时期，它被认为是佛法的象征。释迦牟尼涅槃后，经过漫长的岁月，弥勒将成为新的佛，而佛钵将传到弥勒手中，正法得到恢复。而佛教的理想君主转轮王，被赋予了供养佛钵的责任和角色。也因为如此，在犍陀罗佛教艺术中，佛钵往往跟弥勒的形象连在一起。中国的魏晋南北朝时期，佛钵将来到中土的预言广为流传，对当时的信仰世界和政治起伏产生了深远的影响。

中国中古时期有关佛钵的观念、知识和崇拜，并不仅仅局限于文字的表述，也并非仅仅是佛学名士习凿齿等人的想象。佛钵作为跟弥勒信仰、月光童子观念密切相关的"圣物"或者符号，除了存在于人们的思想之中，而且也作为一个确实存在的器物，保存在富楼沙［汉文史料中经常提到的"富楼沙"或"弗楼沙"，即贵霜国都布路沙不逻，也即现在巴基斯坦的白沙瓦］等处。饶宗颐先生认为，公元4—5世纪，中土有一个西行中亚礼拜佛钵的热潮，这是佛教史上的大事，影响深远，可谓慧眼独具。从文献记载来看，这一时期，犍陀罗故地始终是中国西行求法高僧巡礼的重要地区，许多僧人到此之后甚至折返中土，并未再深入今天的印度腹地。这一时期，佛钵崇拜和带有佛钵崇拜的犍陀罗艺术品，表明犍陀罗才是当时的佛教中心，无怪乎大批有志于研究佛法的信徒，由各地云集于该地，其中包括相当数量来自中国的求法僧。一直到6世纪前半期，富楼沙的佛钵仍然吸引众多僧人前往礼

图 18 弥勒立像，公元 3 世纪，大都会博物馆。台座上是礼拜佛钵的场景

拜。在塑造隋文帝是月光童子转世为轮王的政治宣传中扮演重要角色，并翻译《德护长者经》的那连提黎耶舍（Narendrayasas，约517—589年）也曾游历四方，约在公元6世纪40年代，在犍陀罗地区朝拜佛钵，在那竭等地朝拜佛衣、佛顶骨、佛牙、佛齿等。

佛教有关月光童子出世（为转轮王）的信仰，在中土固有的君主理念之外，为统治者提供了新的理论依据。其实，也正在此时，中土出现了大量类似《佛钵经》（又叫《佛钵记甲申年大水及月光菩萨出事》）、《钵记经》、《首罗比丘见月光童子经》之类的伪经。这些疑伪经背后的政治、宗教观念，成为民众造反和统治者宣传的理论工具。随着西行巡礼佛钵，有关佛钵的宗教、信仰、政治意涵也逐渐传入中国中古时代，这一过程跟文献记载及政治宣传中提到的有关佛钵的观念相表里，进而对中国中古时代产生了重要的影响。这也正是习凿齿等人在自己的著述中熟练述及"月光将出，灵钵应降"这一佛教救世主信仰理念的原因。

东晋兴宁三年（365年）四月五日，襄阳习凿齿致书高僧道安，据慧皎撰《高僧传》，信中云："自大教东流四百余年，虽蕃王居士时有奉者，而真丹宿训，先行上世，道运时迁，俗未金悟。自顷道业之隆，咸无以匹。所谓月光将出，灵钵应降，法师任当洪范，化洽幽深。"这里所说的"月光将出，灵钵应降"，涉及魏晋南北朝时期佛教信仰和政治世界的一大情节，不但事关弥勒信仰的重要层面，也涉及佛教理想君主转轮王的基本观念。

北魏熙平年间（516—517年）发生的刘景晖事件，就是利用这样的信仰和观念发动的——刘景晖被假托是"月光童子"出世而图谋叛乱。另外，月光童子诸经也被翻译进来，三国吴支谦译《佛说月明菩萨经》《佛说申日经》，西晋竺法护译《佛说月光童子经》，刘宋时代的求那跋陀罗译《申日儿本经》，隋代翻译的

《德护长者经》等都是同经异译的佛经。《佛说申日经》中已经预言："我般涅槃千岁之后，经法且欲断绝，月光童子当出于秦国做圣君。"

那连提黎耶舍翻译的《德护长者经》，跟艾娜克的这件浮雕，从思想和信仰层面上，存在着直接而重要的联系。《德护长者经》中做了非常清晰的政治预言："此童子，我涅槃后，于未来世，护持我法，供养如来，受持佛法，安置佛法，赞叹佛法；于当来世，佛法末时，于阎浮提大隋国内，作大国王，名曰大行；能令大隋国内一切众生信于佛法，种诸善根。"而且还预测了佛钵将来到中土，接受隋文帝杨坚的供养："于尔数年，我钵当至沙勒国，从尔次第至大隋国，其大行王于佛钵所大设供养。"

回到这块浮雕本身，也就可以理解为什么在《燃灯佛授记》主题浮雕中，出现了佛钵供养的内容。从根本上说，释迦牟尼佛为未来的弥勒佛授记，跟过去佛燃灯佛为释迦牟尼佛授记，其宗教逻辑是一样的。而佛钵作为传法（所谓"衣钵传人"最早就是从佛陀开始的）的信物，出现在浮雕中，是再合适不过了。艾娜克出土的这块《燃灯佛授记》浮雕跟之前迦毕试绍托拉克出土、藏于喀布尔阿富汗国家博物馆的浮雕从构图上非常相近。绍托拉克出土的《燃灯佛授记》浮雕，也是省去了儒童从少女那里购买莲花的场景，只表现了礼拜、升入虚空、布发掩泥的情节。在其右下侧是释迦牟尼佛立像；在其台座上，是礼拜弥勒的场景。宫治昭认为："图像故事以授记故事为媒介，表现了佛陀的谱系和救济论思想。也就是说，如同过去一开始那样，燃灯佛预言之后释迦成就了菩提，接下去的未来，弥勒菩萨将成就菩提，宣告又一个开悟的世界，这个过程充满了神学性内容。"（宫治昭《犍陀罗美术寻踪》）如果对比迦毕试和艾娜克的两块浮雕，就可以发现，艾娜克的浮雕台座上，只不过是将弥勒换成了佛钵，但是其表达的基本宗教意涵是一样的——佛钵本来就是弥勒成道的传法信物。可见弥勒信仰在当时的大犍陀罗地区是一种广泛的信仰。

我们这时再看看这块浮雕的背面，就更加清楚了。浮雕背

**图 19** 绍托拉克出土的《燃灯佛授记》浮雕，台座上是供养弥勒的场景

面，除了中间是结跏趺坐的佛陀，还有六个人物形象。虽然模糊，但是可以清楚判断，其中佛陀身后的一人，下身穿横纹服饰，类似武士形象，可以判断为佛陀的"保镖"执金刚手菩萨；其他五人都是纯棕红色服饰，可以判断为五比丘。那么可以判断，整个彩绘描述的场景是释迦牟尼初次讲法，或者说"初转法轮"。"初转法轮"是犍陀罗佛传故事浮雕常见的主题之一，除听法的五比丘之外，原型来自赫拉克利斯的执金刚手菩萨，这也是常常出现的人物形象。而且，这块艾娜克浮雕背面彩绘中的释迦牟尼，结跏趺坐，施传法印，其手势不是无畏印，也不是禅定印，而是讲法的手势。这也更加佐证了笔者的判断。

图 20　艾娜克出土《燃灯佛授记》浮雕背面彩绘

如果把这块艾娜克《燃灯佛授记》浮雕视为一个整体，那么其表达的宗教意涵，应该不是随意的，而是围绕着一个主题展开的。毕竟，宗教艺术，是很神圣的东西，不能随意造作。这样看来，浮雕主体部分，是过去佛给现在佛释迦牟尼授记；背面的彩绘，是释迦牟尼修行得道后的初次说法；基座部分，是释迦牟尼佛传法给未来佛弥勒的信物。整个的意涵，就是在表达"传法"的主题：燃灯佛授记→释迦牟尼初次讲法→传给弥勒的佛钵。贵霜时期，弥勒信仰兴起，成为重要的信仰和思潮。艾娜克出土了大量高质量的贵霜钱币。其中在一种迦腻色迦的钱币上，有弥勒的结跏趺坐形象，这也或许能够给我们的论断提供一个小小的注脚。

即便是研究中国文明本身，我们仍不能把眼光仅仅停留在现在的国境之内。古代文明从来不是完全割裂和孤立的，它们之间的关联度往往超出我们的想象。从研究方法上来说，不仅仅需要换一个角度彼此看看，或者换套说法重新解释的问题，还需要我们从失落的历史记忆里打捞文明碎片，重新认识文明本身。解决问题的关键，很多时候不在于自说自话或者各说各话的论争，而在于将（至少一个区域的）人类文明视为整体，从各种狭隘的羁绊（民族、国家、宗教认同等）中拯救历史。

# 第四讲 | "雀离"补论

　　2 世纪上半叶，贵霜君主迦腻色迦将都城迁到布路沙不逻，也就是今天的巴基斯坦白沙瓦附近。在之后的数百年间，这里成了佛教的中心。法显经过此城，称其为弗楼沙国，在汉文史料中，这座佛教色彩浓厚的都城又被称为"富楼沙"。19 世纪以来的考古发掘，出土了数量惊人的佛教雕刻，这从一个侧面印证了其当时作为丝绸之路大都市和佛教中心的地位。

　　为了将新都打造成政治和宗教的中心，迦腻色迦将佛教的圣物，尤其是佛钵从印度本土抢到布路沙不逻。此后佛钵一直停留在此，直到唐初。关于迦腻色迦为什么抢夺佛钵，笼统而论，自然是将佛陀圣物置于自己的国都，更能彰显自己佛教转轮王的身份，符合其以佛教治国的理念。佛钵被运到富楼沙后，以佛法 – 佛钵为中枢，犍陀罗逐渐取代印度本土成为佛教中心。中国西行求法的僧人很多到这里之后，礼拜完佛钵、舍利，就打道回府，并未渡过印度河继续西行。佛钵信仰，事关弥勒信仰的重要层面，涉及佛教理想君主转轮王的基本理念，进而也成为影响魏晋南北朝以及隋唐初期佛教信仰和政治起伏的重要因素。有关佛钵的信仰和有关月光童子出世为转轮王的信仰交织在一起，伴随着大量有关这一内容的疑伪经的出现，在中古政治中掀起了很多波澜。隋文帝即是典型的宣扬自己是月光童子出世为转轮王的君主。

除了将佛钵抢到布路沙不逻之外，为了打造新都的佛教中心地位，迦腻色迦修建了迦腻色迦大塔——也就是汉文文献中屡屡出现的"雀离浮图"（Cakri Stupa）。这座塔可能在数百年中都是当时世界上最高的建筑。这座位于布路沙不逻的佛教建筑，对遥远的中国本土也产生了影响，它以"雀离""爵离""雀梨"等名字出现在汉文典籍中。当西行求法的僧人从阿富汗的高山上下到犍陀罗平原的时候，最震惊的可能莫过于看到这座宏伟的佛教建筑了。通过求法僧人等渠道，有关这座佛塔的知识传入中国。

最早记载这座佛塔的可能是法显。法显西行，于402年夏抵达并逗留于富楼沙。法显对雀离浮图进行了记载："佛昔将诸弟子游行此国，语阿难云：'吾般泥洹后，当有国王名罽腻伽，于此处起塔。'后罽腻伽王出世，出行游观时，天帝释欲开发其意，化作牧牛小儿，当道起塔。王问言：'汝作何等？'答言：'作佛塔。'王言大善。于是王即于小儿塔上起塔，高四十余丈（约120米），众宝挍饰。"法显引述传闻说这座佛塔是南瞻部洲最壮观的佛塔："凡所经见塔庙，壮丽威严，都无此比。传云，阎浮提塔，唯此塔为上。"北魏时宋云等出使西域，对该塔进行了详细记载，也将此塔和迦腻色迦（《洛阳伽蓝记》作"迦尼色迦"）联系在一起。《洛阳伽蓝记》记载该塔之壮观，"塔内物事悉是金玉，千变万化，难得而称。旭日始开，则金盘晃朗；微风渐发，则宝铎和鸣。西域浮图，最为第一"。并且记载"雀离浮图自作以来，三经天火所烧，国王修之还复如故。父老云此浮图天火所烧，佛法当灭"。"宋云以奴婢二人奉雀离浮图，永充洒扫，惠生遂减割行资，妙简良匠，以铜摹写雀离浮屠仪一躯，及释迦四塔变。"惠生摹写的雀离浮图样式，带回北魏，可能对北魏的佛教建筑产生了影响。《北魏僧惠生使西域记》则记载，迦腻色迦所造雀离浮图，去地七百尺，基广三百余步，悉用文石为陛。

玄奘于634年抵达这里的时候，雀离浮图仍在。虽然屡遭火灾，但是都得到了重建。"城东有迦腻王大塔，基周里半，佛骨舍利一斛在中。举高五百余尺，相轮上下二十五重，天火三灾，今正营构，即世中所谓'雀离浮图'是也。元魏灵太后胡氏，奉信情深，遣沙门道生等，赍大幡长七百余尺，往彼挂之，脚才及地，即斯塔也。亦不测雀离名生所由。左侧诸迹其相极多，近则世亲、如意造论之地。"唐初高僧道世在其《法苑珠林》中也详细描述了雀离浮图，可见当时关于雀离浮图的信息已经广为传播，被收入类书中。不但佛教文献对此佛塔多有描述，而且在正史中，也记载了此塔。比如《魏书》和《北史》在讲述乾陀国时，特别强调：所都城东南七里有佛塔，高七十丈，周三百步，即所谓"雀离佛图"也。

关于雀离浮图的建造，"胡人皆云四天王助之。若其不尔，实非人力所能举"。唐初高僧道宣也将雀离浮图的建造归结于福力，并将其和阿育王分舍利建塔相提并论："至若输伽之建宝塔，百鬼助以日功；雀离之起浮图，四天扶其夜力。"对中古时代的人来说，阿育王和迦腻色迦是最有名的两位佛教转轮王，也成为中土模仿的对象。

有关雀离浮图的信息传入中土，逐渐为人所知。比如北魏郦道元撰《水经注》，将北魏首都洛阳的永宁寺和富楼沙的雀离浮图相提并论："西国有爵离浮图，其高与此相状，东都西域，俱为庄妙矣。"北齐时，高叡被杀的地点，就是在邺城的雀离佛院。《北史》和《北齐书》都记载，高叡出至永巷，遇兵被执，送华林园，在雀离佛院被刘桃枝所杀。根据这条记载，我们可以知道，在当时北齐的都城邺城有一座雀离佛院。其实，有关雀离浮图的信息已经在中土流传很久，甚至"雀离"（或"爵离""雀梨"）已经成为石刻铭文中的常用字眼，那么在邺城存在一座雀离佛院，并不足为奇。比如大都会博物馆所藏的一块东魏造像碑，其铭文上就有"至如宝塔五层，则浮空耀昏，金棠百刃，则无日承天□□□□□□□□□雀离之高妙矣"的表达。唐睿宗时，王利贞撰《易州石亭府左果毅都尉蓟县田义起石浮图颂》，也称赞所捐造的七级浮图是"状雀离之从天，犹多宝之涌地"。玄宗开元年间，王璥撰《石浮图铭》，文中有"爵离崛起"的说法。开元年间的《相州邺县天城山修定寺之碑》，也有"又有龙花瑞塔，降于忉利；雀离仙图，来于天竺"的表述。可见，"雀离"一词，已经逐渐从特指富楼沙的那座雀离浮图，转变为佛塔的代称。在疑伪经中，甚至把雀离浮图和弥勒下生联系在一起，比如预测弥勒下生时，"或兜率天上雀梨浮图，或从空而下，或阎浮履地，从地踊出"，"尔时雀梨浮图从空而下，安置阎浮履地"。

迦腻色迦所修建的雀离浮图，不但对中土有影响，也影响到西域。在龟兹，雀离佛寺是其最重要的佛教寺院之一。而且，这座寺院，跟中国历史上的著名佛教翻译家鸠摩罗什联系在一起。郦道元的《水经注》引用道安《西域记》云，"龟兹国北四十里，山上有寺，名雀离大清净"。唐贞观二年（628年），玄奘经过这里，在其《大唐西域记》中提道："城北四十余里处……有二伽蓝，同名昭怙厘。"僧祐撰《出三藏记集》记载，鸠摩罗什的母亲在怀着鸠摩罗什的时候，经常去龟兹的"雀梨大寺"听法。《高僧传》还提到，雀梨大寺"名德既多，又有得道之僧"。不论是"雀离""雀梨""爵离"，还是"昭怙厘"，都是对迦腻色迦修建的轮王之塔（Cakri Stupa）的异译。龟兹的佛教受贵霜的影响很大，从某种意义上说，龟兹的这个雀离大寺，和邺城的雀离佛院，以及被纳入中古语言系统的"雀离"，都有一个共同的知识源头，就是位于富楼沙的那座雀离浮图。从某种意义上说，这是迦腻色迦留在中古历史上的痕迹和遗产。

龟兹和邺城的雀离大寺或者雀离佛院似乎都是一座寺院，而富楼沙的雀离浮图是一座佛塔。其实，迦腻色迦在其首都布路沙不逻建造的，不但有雀离浮图，还有一座寺院。玄奘在其《大唐西域记》中记载，"大窣堵波西有故伽蓝，迦腻色迦王之所建也。重阁累榭，层台洞户，旌召高僧，式昭景福"。其实更早的鸠摩罗什译《杂譬喻经》，已经提到"雀离寺"的名字，可知除了雀离浮图，还有雀离寺的存在。前面我们提到的《印度志》的作者比鲁尼也佐证了玄奘的记载，他在 1030 年的著作中提到，白沙瓦（即富楼沙附近）有一座迦腻色迦建造的伽蓝，叫作"迦腻色迦支提"（Kanik Chaitya），一直到 11 世纪，雀离浮图仍然矗立在那里，让世人赞叹，而且这里的寺院还是佛教的学术和教育中心，很多僧人在这里修行。在这之后，随着伊斯兰势力推进，雀离浮图从人们视野中消失，一直到 20 世纪初的发掘才又出现。

不论是雀离浮图（轮王之塔），还是雀离寺（轮王之寺），显然是跟佛教转轮王迦腻色迦紧密联系在一起的。其实，这一寺一塔，也称为"迦腻色迦大寺"和"迦腻色迦塔"。唐初的道宣就将此塔称为"迦腻王大塔"，并且指出，即世中所谓"雀离浮图"是也。北魏西域三藏吉迦夜共昙曜译《付法藏因缘传》也称其塔为"腻吒塔"。

此塔现在的位置在白沙瓦郊外的沙琪基泰里（Shah Ji Ki Dheri，此名翻译为汉语就是"王之丘"，或是当地人保留的残余历史记忆）。1909 年 9 月和 1910 年 11 月，斯普纳（D. B. Spooner）博士带队在沙琪基泰里发掘了雀离浮图遗址，发现了迦腻色迦的青铜舍利函（Kanishka casket）。难得的是，这一舍利函上有佉卢文铭文。其中部分意思比较明确：

> 为了接受说一切有部（Sarvāstivādin）诸师，此香函为
> 迦腻色迦大王（Mahārāja）供养的功德礼物……在迦腻色迦
> 城（Kanishkapura）。以此功德，祝愿众生福德圆满……迦腻
> 色迦大寺（Kanishka's vihāra）饭厅建造的主持者……

从发掘来看，雀离浮图呈现出十字的外观，直径达 87 米，是在印度和中亚发现的最大的佛塔。雀离浮图的底座周边装饰着繁复壮丽的灰墁图景。迦腻色迦舍利函上半部中间的雕像是佛陀，被帝释天和梵天所护持，在盒盖的边缘上，刻画着一圈飞翔的桓娑（Hamsa），象征着从六道轮回中跳脱，这也是佛教的一种最基本的理想。目前保存在白沙瓦博物馆。

　　雀离浮图和迦腻色迦大寺是迦腻色迦作为佛教转轮王身份的重要建筑。古正美教授依照佛教意识形态的理论，认为这是迦腻色迦推行大乘佛教的"转轮王僧伽蓝"。其也因此推论，龟兹的雀离大寺，也就是龟兹国的"转轮王大寺"，其塔也称为"转轮王大塔"或者"雀离浮图"，是龟兹以佛教治国的表现。不过仅就目前看到的史料，大概还不能做出这样大胆的结论。可以推测的是，以"轮王之塔"命名的雀离浮图，或许标明了迦腻色迦作为佛教理想君主的身份——不论这种身份是自称的，还是被佛教僧团赋予的。

# 第五讲 | 从犍陀罗到中国：五道大神考

佛传故事主要讲述释迦牟尼出生、成道、传法、涅槃的故事，是佛教神圣历史的一部分，也是理解佛教精神的重要线索。犍陀罗的佛教寺院在佛传浮雕的创作上投入了大量的精力和资源。这些佛传浮雕往往出现在窣堵波（佛塔）的台基侧面、阶梯、墙壁、门廊等处，选取佛陀生平最重要的情节加以展现。与犍陀罗的图像几乎同时完成的早期汉文译经，也给我们留下了丰富的佛传故事细节。东汉晚期竺大力等译的《修行本起经》、支谦于公元220—257年翻译（其实是对以前译本的汇编）的《太子瑞应本起经》、竺法护于公元308年翻译的《佛说普曜经》（*Lalitavistara*），以及可能更早的《异出菩萨本起经》，都对释迦牟尼的生平做了大量的描述，也都涉及"逾城出走"的故事主题。结合图像和文本（尤其是汉文译经），可以帮助我们挖掘不少历史的细节，追根溯源，更好地理解丝绸之路作为一条信仰交流之路的意义。

## 一、犍陀罗图像中的五道大神

在犍陀罗佛传浮雕中，释迦太子"逾城出走"是非常重要的主题。释迦太子告别世俗生活走向修行之路，是佛教神圣史的大事。按照佛教的逻辑，自释迦太子骑马逾城出走那一刻起，众生的命运也就改变了，他们将迎来一个有佛陀的时代。在犍陀罗佛教浮雕中，这一场景带有走向悟道的胜利的色彩，跟旧的世界决裂，走向神圣的远方。"逾城出走"这一艺术主题也随着佛教传入中国，广泛见诸敦煌、克孜尔等佛教石窟壁画中。在犍陀罗的《逾城出走》图像中，很多神祇见证着这个伟大的时刻，甚至包括迦毗罗卫城（Kapilavastu）的城市女神（图 21 上排左二人物，她头戴城池冠，两肩带有城塞纹路）目睹着太子走向神圣这一伟大的时刻。释迦太子的坐骑犍陟（Kaṇthaka）四蹄被夜叉抬起，以免发出响声惊动众人，而他的马夫车匿（Chandaka）往往手持

**图 21** 加尔各答印度博物馆馆藏《逾城出走》浮雕，犍陀罗，公元 2 世纪，出土于罗里延唐盖

伞盖跟在后面。在出土于罗里延唐盖的浮雕上，我们可以清晰地看到上述细节。

在犍陀罗的《逾城出走》图像中，往往有一个手持弓箭的人物站立在释迦太子的马前。对于这个人物的身份，已经争论了近100年。美术史的学者有自己的研究逻辑，同时佛教文献的记载也不能忽视。以往的研究也的确是主要从这两方面入手进行讨论的。

20世纪初，福歇（A. Foucher）引用巴利文《因缘记》（*Nidānakathās*）和《佛所行赞》（*Buddhacarita*）的记载，认为这个形象是魔王波旬（Māra）前来阻挡释迦太子成道。1983年，劳钵（W. Lobo）指出，巴利文《因缘记》的记载不能用来解释犍陀罗的佛教图像，而且福歇并没有解释为什么这个人手持弓箭。她进而引用翻译于308年的《佛说普曜经》的记载，指出这个人是帝释天（Indra）。理由是在《佛说普曜经》中，释迦太子逾城出走之后，跟一位猎人交换衣服，放弃繁华走向苦修。在这个场景中，帝释天化身猎人，带有弓箭。在福歇和劳钵之后，田边胜美通过研究指出，这个人既不是魔王波旬，也不是帝释天，而是毗沙门天王（Vaiśravaṇa）。他比较了犍陀罗浮雕《四天王献钵》中的毗沙门天王，认为他跟《逾城出走》图像中手持弓箭的人物相似。而且在相关文献中，毗沙门天王的确出现在《逾城出走》故事中——他导引释迦太子出走修行。2014年，庞思（J. Pons）也指出，这个人是毗沙门天王。

相关的研究还有很多，从以上具有代表性的研究看，都有不能解释的地方。比如劳钵说他是帝释天，但是无法解释图21中已经出现了帝释天（右上角手持金刚杵的人物，是典型的帝释天形象）。她指出巴利文《因缘记》无法用来研究犍陀罗图像，很有洞见——这也正是福歇等犍陀罗研究先驱的缺憾。福歇等西方

**图 22** "四天王献钵"浮雕，犍陀罗，拉合尔博物馆馆藏

学者对汉文史料不熟悉，尤其是迷信巴利文、梵文等佛教文献，给犍陀罗的研究留下了大量空间。

　　近年来犍陀罗语佛经的发现及早期佛典语言的研究，颠覆了我们对佛教传播的认识。最初佛典并不是通过梵语，而是通过口语传承的。目前看到的大量梵语写本，最初都是使用中期印度语（Middle Indic，包括巴利语、犍陀罗语、古摩揭陀语等），到了3、4世纪才逐渐梵语化。最早发生这样变化的地方很可能也是在犍陀罗地区。犍陀罗地区出土的铭文，最初是使用犍陀罗语，后来经过了使用婆罗米文字书写掺杂着口语的不规范梵语阶段，到了公元4世纪，才进入使用正规梵语、婆罗米文字阶段。在新疆地区，这个过程还要更晚。

　　近年来在巴基斯坦不断发现很多犍陀罗语写本，有的能追溯到公元前1世纪，可以印证上述观点。犍陀罗语及其文字佉卢文在佛教传播过程中发挥了重要作用，在被梵语和婆罗米文字取代前，是西北印度、中亚地区佛教徒的共同语言。大乘佛典的历史脉络，包括了从最初的只有口传没有文字的时代，到犍陀罗语（以佉卢文书写）佛典时代（公元前后到公元 3、4 世纪），再到梵语（以婆罗米文字书写）时代的演进。可以说，每一部大乘佛典的梵文本，都不可能早于公元 3、4 世纪。在这种情况下，如果认为那些梵文本（最早写于公元 5 世纪，大多数写于公元 11 世纪以后，甚至写于 17 世纪）是原典，甚至拿其来纠正公元 2、3 世纪中国的汉文佛典的话，从基本逻辑上就是错误和荒唐的。

这也提醒我们，在研究犍陀罗佛教美术的时候，要高度重视早期汉文佛教文献。对照犍陀罗的图像和早期汉文译经，可以发现两者之间非常契合。比如图 21 中出现了头戴城池冠的神祇，公元 197 年由竺大力和康孟详翻译的《修行本起经》中，就出现了迦毗罗卫城城市神阻止释迦太子离开的细节："时城门神人现稽首言：'迦维罗卫国，天下最为中。丰乐人民安，何故舍之去？'太子以偈答言：'生死为久长，精神经五道。使我本愿成，当开泥洹门。'于是城门自然便开，出门飞去。"我们把早期汉文佛传翻译的文本列举如下：

1. 行十数里，见一男子，名曰贲识。贲识者，鬼神中大神，为人刚愍；左手持弓，右手持箭，腰带利剑，当道而立。贲识所立处者有三道，一者天道，二者人道，三者泥犁恶人之道。太子遥见，心为不乐，直以马前趣之。贲识即惶怖战栗，解剑持弓箭，却路而立。太子问曰："何道可从？"贲识即以天道示之："此道可从。"（《异出菩萨本起经》）

2. 即起上马，将车匿前行数十里。忽然见主五道大神，名曰贲识，最独刚强。左执弓，右持箭，腰带利剑。所居三道之衢，一曰天道，二曰人道，三曰三恶道。此所谓死者魂神所当过见者也。太子到问，何道所从。贲识惶懅，投弓、释箭、解剑，逡巡示以天道曰："是道可从。"（《太子瑞应本起经》，译于220—257年）

3. 是菩萨稍进前行，睹五道神名曰奔识，住五道头，带剑执持弓箭。见菩萨来，释弓、投箭、解剑，退住。寻时稽首菩萨足下，白菩萨曰："梵天之际，天王见敕，守五道路，不知如之。愚不敏达，惟告意旨。"菩萨告曰："虽主五道，不知所归。源所从来，五戒为人，十善生天。悭堕饿鬼，抵突畜生，十恶地狱。无五趣行，便归人本。不慕五趣，以无五阴三毒六衰，则是泥洹。不处生死，不住泥洹，便不退转受菩萨决，无所从生，靡所不生。于诸所生，悉无所生。卿持俗刀，五兵宿卫。吾执智慧无极大剑，断五趣生死，皆至本无。无终无始，永安无形。"奔识心解，逮不退转。无限天神，皆发道心。于是菩萨勇猛舍家，适出城门。（《佛说普曜经》，译于308年）

通过对比汉文译经，我们可以清楚地知道，犍陀罗"逾城出走"图像中一手持弓、一手持箭的人物形象是五道大神（或者叫"主五道大神""五道神"）。他的名字叫"贲识"（或者"奔识"）。他是主持五道轮回的"鬼神中大神"，受"天王"之命住五道头，"死者魂神所当过见者"——死去的众生都要经过他这一关。从文献的描述来看，贲识或者五道大神，实际上是冥神，负责的是死后世界，具体的是导引众生分往诸道——天道、人道、三恶道（畜生、恶鬼、地狱）。很有意思的是，虽然大家都没搞清楚他是谁，五道大神作为冥界之神的角色却进入到中国中古时期的信仰世界，成为和平等大王（阎王）、泰山府君几乎同样重要的冥界主神，甚至在唐宋之后，他的形象已然活跃在通俗文化和民间信仰中。

## 二、五道大神信仰在中国留下的痕迹

五道大神或五道将军（称将军可能跟他最初在佛教中的武士形象有关），曾被认为是道教神祇。小田义久根据吐鲁番出土的随葬衣物疏，断定这是来自佛教的一个神祇。在小田义久研究的基础上，学界对这一问题多有讨论，取得了一定的成果。早在南北朝时期，五道大神作为冥界导引神的形象已经深入中国信仰世界。从吐鲁番的随葬衣物疏，到北魏时期关中的佛教造像，再到北齐关东地区有关五道大神的传说，都证明五道大神信仰广泛流行于中土，并不是某种地方性信仰。

吐鲁番文书所见的随葬衣物疏共有 60 多件，其中有 23 件提到了"五道大神"，均系高昌国时期的随葬衣物疏。其中年代最早的是阿斯塔那 170 号墓出土的高昌章和十三年（543 年）《孝姿随葬衣物疏》，节取其涉及五道大神的内容如下：

> 比丘果愿敬移五道大神：佛弟子孝姿持佛五戒，专修十善，以此月六日物故，径（经）涉五道，任意所适。右上所件，悉是平生所用之物。时人张坚固、季（李）定度。若欲求海东头，若欲觅海东辟（壁），不得奄遏停留，急急如律令。

吐鲁番文书中描述的五道大神，跟犍陀罗浮雕和早期汉文译经中的五道大神，职责类似，都是接引死者魂魄，就如《太子瑞应本起经》所说，"死者魂神所当过见者"。《孝姿随葬衣物疏》提到的东海信仰，应该是本土信仰，也有学者认为是源自南方。不过，五道大神作为冥界接引神的角色传入中国后，传播得相当广泛。除了吐鲁番之外，在敦煌、关中、关东地区都被广泛信仰。

敦煌文献中"五道大神"出现得非常频繁，学界也对这一问题多有讨论，为了讨论的方便，简略介绍如下。"五道大神"不但出现在《金光明最胜王经》《观音经》《四分戒》等佛经卷尾的愿文中，也出现在《启请文》《结坛散食回向发愿文》《散食文》《儿郎伟》驱傩词中，更出现在和地藏十王信仰有关的佛经及斋会仪范中。与吐鲁番衣物疏几乎同时期出现的，是北魏关中地区的五道大神图像。出土于陕西富平县的北魏都督樊奴子造像碑

**图23** 樊奴子造像碑上刻画的五道大神，手持长矛，坐于胡床上

建造于北魏太昌元年（532 年），比吐鲁番的《孝姿随葬衣物疏》早了 11 年。该造像碑阴刻有阎罗王与五道大神的图像。碑阴右下部榜题"此是阎罗王治口（狱）"，对应的画面是阎罗王坐在榻上，作鞫狱状。在阎罗王面前有两只羊跪地控诉，旁边有人被绑在架上，有鬼卒手持刀屠割，题字云："此是屠仁（人）今常（偿）羊命。"碑阴左下部榜题"此是口（五）道大神口罪人"，对应的图像是五道大神坐于胡床之上，手持长矛，面前有数道云气象征六道轮回。北魏樊奴子造像碑上刻画的五道大神，仍是武士装扮，也依然是冥界接引神，而且和阎罗王画在一起。

其实有关五道大神在民间信仰中的流传，相关文献记载非常丰富。正如杜德桥（G. Dudbridge）所论，五道大神在中古时期始终是非常重要的神祇。573 年，北齐大臣崔季舒遇害前，"妻昼魇寤，寤云：'见人长一丈，遍体黑毛，欲来逼己。'巫曰：'此是五道将军，入宅者不祥。'"。阎罗王（平等大王）、泰山府君、五道将军在中古时期常常并列作为冥界之神。唐初大臣唐临撰写的《冥报记》（撰于 652 年）记载睦仁蒨遇鬼事，讨论三者的关系云："阎罗王者如人间天子，太山府君如尚书令，录五道神如诸尚书。"其实这样的结构早在南北朝时就已经奠定了。比如梁武帝集《慈悲道场忏法》云："阎罗王、泰山府君、五道大神、十八狱主并诸官属，广及三界六道……"敦煌文献《儿郎伟》驱傩词（P.2058 V）云："五道大神执按，驱见太山府君。"似乎五道大神一直都是负责接引（抓人），分入五道，由阎罗王或者泰山府君裁决。

唐代中期以后，随着地藏信仰的兴起，地藏和阎王成了死后世界的主要权力结构。五道大神也逐渐演变为十殿阎王之一的五道转轮王。但是即便演变成了十殿阎王之一，五道转轮王往往依然是身穿铠甲的武士形象，跟其他九位阎王形象完全不同。有学

**图 24** 伯希和所获敦煌绢画《地藏六趣十王图》，法国集美博物馆馆藏，编号 MG.17662，北宋太平兴国八年即 983 年。左上身穿铠甲的武士，即为五道转轮王，装扮明显异于其他九王

者认为五道转轮王是五道大神和转轮圣王的形象融合形成的，并不准确。转轮王是佛教对世俗理想统治者的描述，而五道大神一直是冥界主神之一。敦煌文献中的启请文（比如 S.5957、P.2855、P.3332）中往往是转轮圣王和阎罗天子、五道大神、泰山府君并列，并且后三者是列为冥界之神。应该说，十殿阎王中的五道转轮王，就是之前的五道大神演化来的，从形象到内容，五道转轮王都继承了五道大神的角色。

地藏信仰兴起之后，五道大神或者五道将军作为地藏菩萨的侍从出现在佛教美术中。最为典型的就是美国华盛顿弗利尔美术馆（Freer Gallery of Art）保存的《敦煌绢画披帽地藏图》（编号F1935.11）。这是晚清叶昌炽旧藏的于阗金玉公主供养《地藏菩

**图 25**《敦煌绢画披帽地藏图》局部，美国弗利尔美术馆馆藏，图中有手持长矛、腰带弓箭的五道将军形象

萨像》。地藏头披风帽，手拿宝珠，其右侧有一将军，手持长矛，腰带弓箭，榜题"五道将军"。这时候的五道大神或者五道将军，依然是武士装扮，而且腰带弓箭，跟犍陀罗浮雕中的贲识有类似的地方。更重要的是，他手持长矛的形象，跟北魏樊奴子造像碑上手持长矛的五道大神形象如出一辙。

唐宋以后，五道将军信仰深入民间，到明清更为流行，甚至地方修建有五道庙，也屡屡出现在《水浒传》等明清文学中。相关研究很多，本文不再赘述。我们现在回到根本性的问题上去。犍陀罗浮雕上的五道大神贲识，传入中国之后成为冥界重要的神祇，从南北朝到明清，都在中国死后世界的信仰中扮演重要的角色。这一点事实清楚。但是，五道大神到底是谁？或者说，汉文名字叫贲识的这个人物，其域外对应的神祇是哪个？

### 三、贲识就是般阇迦

荒川正晴在《佛说普曜经》中没找到对应贲识的内容，以此推断有关贲识的内容是后来中国人加上去的，或者说，汉文佛传译经中有关五道大神的内容是佛教进入中国后伪造的。这样的推断显然是错误的。我们现在看到的《佛说普曜经》是一个较晚的版本，我们并不知道它最初的样子。但是早在公元2—3世纪的汉文译经，比如《太子瑞应本起经》中已经出现贲识了。犍陀罗佛传浮雕中的贲识形象，也从考古学和图像证据的角度证明，早在佛教传入中国之前，有关五道大神贲识的信仰已经广泛存在于犍陀罗地区了。种种迹象表明，五道大神贲识一定是一个在犍陀罗地区曾经广为流行的神祇。

最初福歇并未界定出犍陀罗浮雕中持弓箭的人物是五道大神贲识，而是认为他是魔王波旬。在他的研究基础上，学界又有声音认为贲识就是魔王波旬，或者受到了波旬形象和内容的影响。但是汉文译经中，魔王波旬和五道大神是两个完全不同的人物形象。魔王波旬是阻挡释迦太子成道，而五道大神是导引释迦太子走向神圣之路。而且在早期汉文译经中，魔王波旬阻止释迦太子成道的故事，出现在"降魔成道"的佛传故事，而不是"逾城出走"的故事中。何况，魔王波旬也从来不是冥界之神，更没有冥界接引神的任何角色。

除了魔王波旬，前文中我们从图像上也根本性地否定了贲识是帝释天。目前最有争议的是田边胜美等人的毗沙门天王说。辛岛静志也为贲识是毗沙门天王提供了一个曲折的解释：竺法护在翻译佛传时把"贲识"改为"奔识"（且不论这样的改字是不是版本错误造成的），或许是把毗沙门（Vaiśravaṇa）曲折地理解为"奔跑"＋"意识"，或者"奔跑的心"了。不过辛岛很快又否定了这样的解释。

将五道大神贲识解释为毗沙门天王在文献上无法得到解释。如我们前文所引《佛说普曜经》记载五道大神"梵天之际，天王见敕，守五道路"，说得非常清楚，他是受天王之命守护五道路，这个天王就是毗沙门天王。既然受命于毗沙门天王，他自己就不是毗沙门。早在 1991 年，蒲立本（E. G. Pulleyblank）教授就猜测，早期中古音"贲"或者"奔"读作"pən"，而"识"读作"ɕik"或者"tɕih"。在蒲立本的基础上，可以把"贲识"或者"奔识"的读音复原为"pən+ɕik"或者"pən+tɕih"。其实这已经非常接近真相，这个人的名字读音非常接近"Pāñcika"——也就是犍陀罗当地非常流行的一个夜叉大神般阇迦。

在蒲立本之后，辛岛静志教授进一步论证，"贲识"或者"奔识"就是"般阇迦"。比如支谦《义足经》中出现了一处"般识鬼将军"，这个"般识鬼将军"非常接近般阇迦（Pāñcika）

的读音，也符合他的形象。般阇迦（汉文佛经又译为"半支迦""散脂迦""散脂大将""半支迦药叉王"等），是毗沙门天王麾下八大夜叉大将之一，这也正符合笔者上文指出的一点——在《佛说普曜经》中他自称受命于天王守卫五道头。在前文我们提到的早期译经《异出菩萨本起经》中，他被称为"鬼神中大神"，也符合他夜叉鬼王的身份特征，而帝释天和毗沙门天王都不具备这样的身份特质。

般阇迦的信仰在犍陀罗非常流行，尤其是公元 2 世纪后半期。对应地，他的雕像在犍陀罗佛教寺院遗址被大量发现。在佛教文献中，他的形象是武士形象，手持长矛。这个形象，跟北魏樊奴子造像碑以及敦煌绢画上的五道大神手持长矛的形象如出

**图 26** 般阇迦雕像，犍陀罗地区，公元 2—3 世纪，拉合尔博物馆馆藏

一辙。

在犍陀罗艺术中，般阇迦往往和鬼子母或者诃利谛（Hārītī）在一起，甚至两人分别位于佛陀的两侧作为胁侍神祇。这是一对夫妻神。在汉文译经，比如北魏时期吉迦夜和昙曜翻译的《杂宝藏经》中，鬼子母被称为"老鬼神王般阇迦妻"，这和《异出菩萨本起经》中称贲识为"鬼神中大神"是一个意思。其实之前杜德桥在探讨贲识的印度起源时，特别关注《增一阿含经》的描述，猜测贲识可能和鬼子母有关。

我们知道，佛传本身也是不断变化、累积的过程。很多故事是后来逐渐增加上去的。般阇迦或者贲识，很可能就是犍陀罗当地主管死后世界的神祇。因为主管五道，所以他的名字叫"般阇迦"——pañca 或者 pañcagati 带有"五"的意思。当支谦、竺法护等人在翻译佛经的时候，就把他的名字音译为"贲识"，而意译为"五道大神"。在犍陀罗，般阇迦一直被视为财神。可能除了财神的神格以外，般阇迦另有冥界神祇的身份。这跟他的太太

**图 27** 般阇迦和鬼子母夫妻神，白沙瓦博物馆馆藏，公元 2—3 世纪

鬼子母正好相反——鬼子母是生育之神，主管生；般阇迦是冥界之神，主管死。一生一死，正好对应。鬼子母手中的丰饶角象征着生命的诞生，而般阇迦（贲识）手中的长矛象征着死亡的降临。

## 第六讲 | 犍陀罗艺术中的佛陀与龙

毫无疑问，犍陀罗艺术的核心内容是宗教艺术，而宗教艺术的核心，又无疑是佛教美术。几乎每一个宗教都倾注心血渲染自己传教先驱的事迹。对佛教而言，释迦牟尼的人生历程，包括他的出生、成道、传法、涅槃，都是佛教神圣史的一部分，也是理解佛教精神的重要线索，因此具备了"经"的神圣性。佛传故事，不仅仅是佛陀自己的"发家史"，而且是蕴含了佛教基本精神和教义的思想源泉。这也是为什么在犍陀罗佛教浮雕中，佛传故事会成为重要的主题。可以说，佛传故事的塑造和艺术呈现，不仅仅是对佛陀个人的缅怀，更是对整个佛法精神的敬畏和虔诚。迦毕试、塔克西拉、白沙瓦、斯瓦特等地，都发现了大量佛传主题的浮雕。这些都可以印证，捐造、雕塑、供养佛传主题的艺术品，在当时的犍陀罗是多么重要的社会宗教文化活动。这些活动很可能在贵霜帝国时期得到统治阶层的大力支持，进而给我们留下了宝贵的文明遗产。

佛教在犍陀罗的一个重要发展，就是释迦牟尼的形象，从一个人间的导师，转变为无所不能、至高无上的神灵。他是佛教世界的最高精神导师和裁决者，具有难以想象的神通、智慧和法力。他的形象和其他宗教的神祇一样，被刻画在贵霜君主的钱币上。释迦牟尼的神通和佛法的伟大，在佛教文献的记载中，以及佛教艺术的图像上，都有深刻的体现。其中一个典型而有趣的例子，就是佛陀和那伽（Nāga）的关系。

"那伽"的概念几乎是跟佛教同时传入中土的，在竺法护等人的译经中，它已经被翻译为汉地民众能够理解的"龙"；相对应地，"Nāgaraja"也就往往被翻译为"龙王"。当然，佛教的这个龙，跟中土传统里的龙，并不是同一物种，甚至含义天差地别。在佛教理念里，那伽，或者龙，有的一头，有的多头，是天龙八部（天众、龙众、夜叉、乾达婆、阿修罗、紧那罗、摩呼罗迦、迦楼罗）之一；在五道或六道轮回的体系里，龙虽然具有强大的神通，但是仍然属于畜生道，和其他动物一样。所以在佛教叙事里，转生为龙，往往是因为前世的孽缘。比如贵霜君主迦腻色迦讨伐迦毕试的龙王，该龙王自称："夫龙者，畜也，卑下恶类，然有大威，不可力竞。……王今举国兴兵，与一龙斗，胜则王无服远之威，败则王有非敌之耻。为王计者，宜可归兵。"（《大唐西域记》卷一）跟中土文明里"高大上"的形象相比，佛教意涵里的龙，呈现出另外一番纷繁有趣的形象。

犍陀罗地区的龙神或者蛇神崇拜，大概有悠久的历史。玄奘西行经过这里的时候，还看到当地供奉蛇神的庙宇。佛教的理论体系很容易将龙神等地方神灵纳入到自己的解释系统，作为证明佛法伟大的证据。在犍陀罗佛教艺术中，龙或者龙王是经常出现的形象，尤其是在佛传浮雕中。如果简单地分类，犍陀罗佛教艺术中的龙，往往代表着两种情况。第一种情况，是佛陀降服恶龙。在这种情境下，龙是邪恶的、异教的代表。此类艺术作品通过降服邪恶势力，证明佛法的威力。第二种情况，是龙神或者龙王主动护持、礼拜、赞叹佛陀。此类艺术品，说明佛法的伟大，乃至于众生包括龙，也为其折服。这大概是所有宗教艺术着重渲染的画面，也是宗教文献津津乐道的主题。

　　释迦牟尼和龙的关系，从释迦太子的出生就开始了。释迦太子出生后，第一项礼仪就是灌顶沐浴。比如《修行本起经》记载，"有龙王兄弟，一名迦罗，二名郁迦罗，左雨温水，右雨冷泉"，给太子沐浴。《过去现在因果经》记载："难陀龙王（Nanda）、优波难陀龙王（Upananda）于虚空中，吐清净水，一温一凉，灌太子身。"此时，"天龙八部亦于空中作天伎乐，歌呗赞颂，烧众名香，散诸妙花，又雨天衣及以璎珞，缤纷乱坠，不可称数"。灌顶沐浴有给受洗者加注神圣性的意涵，犍陀罗浮雕中，有相当数量的"灌礼"主题浮雕。汉文译经中，大多记载是龙王兄弟为释迦太子灌顶沐浴。《邺中记》记载石虎（295—349年）举办九龙灌顶仪式，"四月八日，九龙衔水浴太子之像"，"作金佛像，坐于车上，九龙吐水灌之"。汉文译经唯一提到九龙吐水的是西晋竺法护译《普曜经》卷二："九龙在上而下香水，洗浴圣尊。"但是在犍陀罗浮雕中，我们没有看到九龙吐水为释

**图28**《灌礼》，白沙瓦博物馆。释迦太子站在三脚凳上接受灌礼

迦太子沐浴的图像。二龙灌顶图见于西域地区。但是犍陀罗《太子沐浴》浮雕中，并没有出现二龙的形象。相反地，汉文文献中没有关于帝释天和梵天为释迦太子沐浴的记载，但是犍陀罗浮雕中却出现了。

释迦太子出生时有龙王兄弟现身为其进行灌礼，等到他降魔成道时，龙王再次出现了。降魔成道后，释迦牟尼完成了走向终极解脱之路，修成正觉的佛陀，从此走向传法之路。按照支谦的说法，在佛陀成道后，畜生道中的众生，龙是最先见到佛的。在佛传故事体系里，此时有两个故事情节出现，一个是"迦罗龙王皈依"，一个是"文邻瞽龙护持"。有关"迦罗龙王皈依"，隋代阇那崛多译《佛本行集经》中有详细描述：佛成道后，迦罗龙王（隋言黑色）诣于佛所，将自己的宫殿布施给释迦牟尼。于是释迦牟尼受迦罗龙王宫殿，在宫殿中结跏趺坐七日，而迦罗龙王也受三自皈依，即皈依佛、皈依法、皈依僧。阇那崛多笔下的迦罗龙王，即迦梨迦（Kālika）龙王，在汉文文献中有多种不同翻

**图29**《迦罗龙王皈依》，德里印度国家博物馆

**图30**《迦罗龙王皈依》，拉合尔博物馆

译。汉文译经中的"迦罗龙王皈依"，在犍陀罗现存的佛教浮雕中多有表现。比如德里的印度国家博物馆所藏的一块《迦罗龙王皈依》浮雕中，龙王和王后在象征宫殿的平台中向佛礼敬，佛陀身后跟着手捧金刚杵、威武雄壮的执金刚神（一般认为这一形象来自希腊大力士赫拉克利斯）。类似的场面，也见于拉合尔博物馆所藏的窣堵波装饰浮雕。

"文邻瞀龙护持"的故事，在汉文译经中多有渲染。比如东吴支谦译《太子瑞应本起经》描述这一情节：佛陀"起到文邻瞀龙无提水边，坐定七日，不喘不息。光照水中，龙目得开，自识如前，见三佛光明，目辄得视"，文邻瞀龙"前绕佛七匝，身离佛围四十里；龙有七头，罗覆佛上；欲以障蔽蚊虻寒暑，时雨七日"。隋代阇那崛多译《佛本行集经》也花很大的篇幅描述该龙护持佛陀的场面，包括龙王"以其大身，七重围绕，拥蔽佛身，复以七头垂世尊上，作于大盖，巍然而住"等。阇那崛多将该龙的名字译为"目真邻陀"（Mucalinda）。文邻瞀龙用身体围绕佛身七匝，并用七头覆盖佛上为其障蔽蚊虻寒暑的图像，在目前留存的汉传佛教遗物中鲜有见到，但是在东南亚等南传佛教国家，这是一个常见的艺术主题。比如大都会博物馆所藏的一尊12世纪柬埔寨的佛陀坐像，就是描述的文邻瞽龙护持的场景。在犍陀罗艺术中，这一场景也时常出现，不过从表现形式上更加古朴、直接。比如英国伦敦的维多利亚 - 艾尔伯特博物馆收藏的一件犍陀罗浮雕中，目真邻陀龙王全身盘成七圈将佛陀罩住，为佛陀抵挡风雨。佛陀沉静打坐，只露出头部。

除了文邻瞽龙护持之外，佛陀感化或者召唤那伽或者龙协助自己传法，也是佛传故事中的重要情节。最典型的，比如有名的"舍卫城神变"。面对六师外道的挑战，释迦牟尼最终施展大神

图31《文邻瞽龙护持》，12世纪，柬埔寨，大都会博物馆

变，令在场的天人、龙、人等众生震撼异常。汉文佛教文献对这场佛教和外道的"大决战"有诸多细节性的描述。比如佛陀现四威仪行立坐卧，入火光定出种种光（青、黄、赤、白、红），身下出火身上出水，身上出火身下出水；施展神通，召唤诸龙持妙莲花，大如车轮数满千叶，以宝为茎，金刚为须，从地涌出。佛陀在莲花上安稳而坐，并在无量妙宝莲花上展现化佛神通，让每朵莲花上都有化佛安坐。这些化佛身出火光、降雨，或放光明，或时授记，或时问答，或复行立坐卧现四威仪。佛陀展现的大神通，彻底击败了六师外道。在有些汉文文献中，六师外道羞愧乃至自杀，其弟子纷纷转投佛陀，接受佛法。在"舍卫城神变"的故事情节中，那伽龙王扮演了重要角色——当佛陀需要莲花作为道具时，那伽龙王献出此物。集美博物馆所藏的最为经典的舍卫城大神变浮雕（双神变）的基座上，就刻着五朵莲花，或许就是取义于此。文献的记载，也被犍陀罗浮雕的图像所佐证。拉合尔博物馆所藏《舍卫城神变》浮雕，以结跏趺坐的佛陀为中心，扩散到诸佛、菩萨、天人、龙王、供养人等。浮雕上的很多细节都符合文献的记载，比如浮雕底部就有龙王礼敬、献出莲花的画面。

　　龙的形象，最多出现的，还是在释迦牟尼传法的过程中。佛陀用正法收服"邪神"，感化众生，在一系列的传法故事里，那伽或者龙占据重要的位置。在佛传故事中，龙（恶龙、火龙等等）象征着异端教派，最典型的例子就是佛陀在优楼频罗（Uruvilva）火神庙收服毒龙。有一种观点认为，释迦牟尼收服火龙，象征着佛教对拜火教（祆教、琐罗亚斯德教）的胜利。这是大迦叶放弃拜火，转而信奉佛陀的开始。因为在佛教发展史上具有重要意义，所以犍陀罗的佛教浮雕广泛地表现这一主题。相关主题的浮雕见于西格里、塔赫特巴希（Takht-i-Bahi）、拉瓦尔

图32《舍卫城神变》，拉合尔博物馆

**图33**《舍卫城神变》细节，礼敬佛陀的龙王

品第（Rawalpindi）等犍陀罗佛教遗址。

在释迦牟尼收服迦叶的这一故事里，最戏剧性的情节，是佛陀向迦叶借住他们教团的"火室"——如果迦叶真的是琐罗亚斯德教徒，那么这里应该保存着他们的圣火。佛陀进入火室，持草布地，毒龙忿怒，身皆火出；佛陀也身出火光。龙火佛光，石室尽燃。代表佛法的佛光和象征异教的龙火争竞之下，把整个火室都点燃了。迦叶令五百弟子，每人持一瓶水，投掷灭火。火势不但没有减小，反而更大。大家都以为佛陀必死无疑。最终佛陀将毒龙收入佛钵之中——象征着佛教对异教的胜利。第二天，佛陀从火室安然走出，将盛放毒龙的佛钵向迦叶及其弟子展示。在佛陀降服毒龙的场景中，龙不再是王者的形象，而是被直观地表现为蛇的形象，即动物形象。

佛传故事中降服龙王的故事，有些明确是发生在犍陀罗地区。这些故事可能是后来加进佛传故事中的，是犍陀罗地区的发明。最典型的比如佛陀降服斯瓦特河上游经常令河流泛滥的龙王

图 34《火神庙降服毒龙》，拉合尔博物馆馆藏。画面中，佛陀向迦叶师徒展示了收服的火龙——从佛钵露出蛇首，非常生动

阿波逻罗（Apalāla）。玄奘在西行时经过这一圣迹，留下详细的记载。根据玄奘的记载，阿波逻罗龙泉是苏婆伐窣堵河的源头。派流西南，春夏含冻，晨夕飞雪。雪霏五彩，光流四照。阿波逻罗龙王就住在这里。在迦叶佛的时代，龙王的前世是人，因为怨恨而转生为龙，"暴行风雨，损伤苗稼。命终之后，为此池龙。泉流白水，损伤地利"。释迦牟尼怜悯国人，带着执金刚神来降服恶龙，"执金刚神杵击山崖，龙王震惧，乃出皈依"。

犍陀罗浮雕中有多件描述佛陀收服阿波逻罗龙王的作品，最为有名的是大英博物馆所藏《降服阿波逻罗龙王》片岩石雕。在画面中，佛陀头有背光，高鼻深目。执金刚神赤裸上身，带有鲜明的希腊大力士赫拉克利斯的特征，肌肉发达，手持金刚杵。阿波逻罗龙王、龙后以及龙子位于画面中央。双手合十，跪在一处从水面升起的台子上，向佛陀礼拜。龙王一族是背着蛇形冠的贵族形象，如果不考虑这个蛇形冠，龙王整个就是人类国王的形象。威武的执金刚神第二次出现在画面的右上方，飞在空中，左手伸向前方，右手握着金刚杵，腾跃起来，似乎要扑向龙王一行。龙子回头惊恐地看着飞跃而起的执金刚神。整个画面栩栩如生，似乎能感受到执金刚神迫使龙王向佛陀屈服的紧张气息。浮雕所描绘的场面，跟玄奘的记载高度吻合。类似的场景，还见于

**图35**《降服阿波逻罗龙王》，德里印度国家博物馆

德里印度国家博物馆、拉合尔博物馆所藏的犍陀罗浮雕。

执金刚神类似的恐吓角色，在佛教经典的其他记载中也能看到。除了恐吓的角色，执金刚神也协助佛陀转化恶神，比如夜叉、树精、龙王等，使它们接受佛法。

除佛陀降服的斯瓦特河的阿波逻罗龙王之外，塔克西拉地

区也流行医罗钵呾罗龙王（Naga Elapattra）的传说。根据玄奘的描述，塔克西拉大城西北七十里的地方，有一个医罗钵呾罗龙王池。池周围百余步。水质澄清，里面生长着杂色莲花。玄奘特意提到，这里的龙王就是往昔迦叶佛的时代，损坏医罗树的那个比丘的转生。"此龙者，即昔迦叶波佛时坏翳罗钵呾罗树比丘者也。"当地人求雨的时候，跟僧人们一起到龙池祈祷，就能心随所愿。玄奘记载的所见所闻并非毫无依据，而是有文本记载的证明，在犍陀罗佛教艺术中，有关此龙拜见佛陀的故事也是一个重要的主题。

关于医罗钵呾罗龙王的故事，佛教文献多有记载，比如《根本说一切有部毗奈耶杂事》。大体情节是：释迦牟尼住世的时候，医罗钵呾罗龙王前来拜访，化身转轮圣王的样子。被佛陀识破，让他变回原形。但是龙王担心恢复龙身会遭众生报复。佛陀命执金刚神守护龙王。龙王化为多首龙，每个头上都长着医罗

**图36**《医罗钵呾罗龙王的拜访》，白沙瓦博物馆。画面中的医罗钵呾罗龙王有五个头，符合佛教文献有关其多首龙的描述

树。风吹摇动，流出脓血，污秽难闻，苍蝇虫蛆遍布，龙王极其痛苦。佛陀告诉龙王，待将来弥勒新佛出世，将为龙王授记脱离龙身。有关这一主题的犍陀罗浮雕，多有留存，大英博物馆和白沙瓦博物馆等都有收藏，可见这一主题在犍陀罗地区曾经非常流行。

佛陀在传法过程中降服各色危害众生的恶神，包括夜叉、龙王等等，似乎反映的是佛教对地方"邪神"信仰的胜利：从"邪神"崇拜中争夺信徒。这类故事很多，在不同宗教中也常有表现。犍陀罗艺术中对佛陀战胜这些"邪神"多有渲染，是浮雕造像的重要主题。

# 第七讲 | 魏晋南北朝时期知识与信仰世界的再造

　　魏晋南北朝时期，中国文明经历了大约三百年的分裂。在这漫长的分裂时期，战乱频仍，生灵涂炭，似乎是中国历史上的一个"黑暗"时期。但是同时，旧的思想桎梏解除，思辨哲学发展；佛教传入，带来新的信仰和文化元素；道教不断改造，神仙体系完善；代表当时主要自然知识体系的阴阳五行继续发展，呈现出新的形式；各种知识和信仰交相辉映，互相影响，中国文明呈现出空前的思想自由、文化繁荣的场景。这三百年中形成的知识、思想和信仰体系，几乎是重塑了中华文化的基本内涵，为未来的文明发展轨迹指明了方向，很多以后中国文明的要素，都可以从这段时期找到源头。从这个角度讲，魏晋南北朝，是一个中国历史上知识和信仰世界再造的重要时期。除剧烈的政治起伏、复杂的制度变迁、各种族群的离散聚合，以及社会阶层的分析讨论之外，这段时期的知识世界和信仰世界的重塑，恐怕是不可忽视的历史面相和未来必须加强的研究课题。笔者无意面面俱到地阐述这段时期的知识和信仰世界的丰富内容，只希望通过下面三个具体的方面勾画出一些粗浅的线条，或可更加直观地呈现上述的观点。

　　第一，佛教带来了新文化基因。我们一贯将佛教史视为魏晋南北朝史的一部分，但是若换一个角度看，魏晋南北朝也是佛教在亚洲大陆兴起和传播中的一环。这是人类历史上的一件大事，它不但是宗教信仰的传入与传出、政治意识形态的冲突与融合，也带来了几乎是全面的知识和观念革新：地理知识、宇宙观、生命轮回、语言系统、新的艺术形式、风俗习惯、城市景观等等。这种文化融合和再造，还不仅仅是"取塞外野蛮精悍之血，注入中原文化颓废之躯"，而是高度发达的知识和信仰体系之间的磨合。仅仅从政治史的层面讲，佛教对未来美好世界的描述，以及对理想的世俗君主的界定，在数百年中，对当时中土政治的理论和实践都产生了重要的影响。这些影响包括政治术语、帝国仪式、君主头衔、礼仪革新、建筑空间等各个方面。又比如从城市空间的角度看，佛教兴起之前的中国城市，基本上分为"官""民"两种空间，国家祭司的礼仪空间老百姓是进不去的。佛教出现之后，在官-民的结构之外，提供了双方都可以去的近乎公共空间的场域；城市空间在世俗空间之外，也出现了宗教（神圣）空间。从《洛阳伽蓝记》中，我们可以生动地读出这种变化带来的城市活力。

这种空前的文化融合局面，有极其丰富的文献和图像资料支持。目前看来，规模庞大的宗教文献，尤其是佛教文献，是研究魏晋南北朝史最具潜力的大宗文献之一。而且，以往对于汉译佛典的权威性和重要性过于低估，给将来留下巨大的研究空间。早期的佛典没有文本，是口耳相传，最近的研究——比如辛岛静志对犍陀罗语与大乘佛教的研究——证明，现在大多数学者以为的梵文佛经，实际上是几百年以来不断梵语化，不断进行错误的逆构词、添加、插入的结果。这些最早写于公元11—17世纪的梵语写本并不是原典。而汉译佛典（大多是公元2—6世纪，与魏晋南北朝时段几乎重合）才是最接近原典的文献，是应该高度重视的研究资料。

第二，不同知识和信仰体系之间高度融合。文化的冲突、妥协、融合，是文明发展的重要动力，带来的是新的文化形式和内容。比如佛教与中土文明的冲突，其复杂性和重要性，仍然需要深入挖掘和重新审视。除了在佛教依附玄理、佛道竞争、孝道、拜不拜君亲、神灭神不灭、有无三世因果报应等话题上的讨论，其实佛教进入中国之初，就已经中国化了，逐渐成为中国文明固有的组成部分。在这个课题上，有很多层面的问题以往被忽略了，比如佛教与阴阳谶纬的关系。两汉时期，纬学是儒家学说的重要组成部分，是儒学体系中最为宗教化的一部分。佛教传入中国之初，就面对着这么一个高度系统化的知识系统（同时也是一套意识形态学说），所以我们看到，最初的佛教译经，就开始大量借用阴阳五行的词汇和概念，来表达佛教的教义和学说，比如《佛说太子瑞应本起经》就用一套祥瑞的逻辑来解释释迦太子的出生。正如安居香山等人的初步研究（比如安居香山《汉魏六朝时代的图谶与佛教》），佛教高僧多研习六经七纬、阴阳术数。佛教思想和谶纬传统的结合，发展出佛谶等新形式。直到武则天时代，她的《大云经疏》仍是托名佛经、带有强烈谶言色彩的政治文献。疑伪经的生产过程中，也受到谶纬的重要影响。

魏晋南北朝时期，以纬书为核心的一套阴阳五行、天人感应的知识体系仍在持续发展。甚至有往其他知识和信仰体系渗透的倾向。不论是佛教、道教，还是儒家思想，乃至民间文化，都看到阴阳术数的元素。这套将人类社会的运行轨迹跟天地之间的运行规律相比附的学说，试图从人类自身之外找到解释人类社会的逻辑和真相。魏晋南北朝时期，纬书仍然因为解经的功能而受到重视，但很多脱胎于各种知识和信仰系统的谶言，开始逐渐脱离纬书，跟道教、佛教相结合，继续影响着当时的历史。这种影响不但是政治和思想上的，而且是自然知识发展，乃至文学写作上的。比如江淹等人的写作，就受到这种知识的影响。（参看松浦史子的研究）关于佛教，汤用彤讲："北朝经学上承汉代，本杂谶纬。而元魏僧人，颇兼知术数，则亦汉世佛道与阴阳历数混杂之余绪。"（《汉魏两晋南北朝佛教史》）可谓真知灼见。不过我们仍须对不同知识和信仰体系之间的冲突与融合，及这种冲突和融合对文明发展和历史起伏的影响，给予更多的重视和关注。

第三，与域外文明高度关联。魏晋南北朝时期中国文化呈现出更加开放的姿态。除了大家耳熟能详的草原文化对本土文明的影响，这种开放性还体现在中国文明跟中亚等地区的联系，逐渐超越了政治、军事、外交、物质的层次。沿着丝绸之路东来的，也包括各种宗教信仰和围绕这些信仰形成的理念、观念、习俗和符号等等。比如宗教信仰的兴起，带来了新的艺术形式，敦煌和云冈的壁画和雕塑成为重要的文化珍宝。人们从相信死后灵魂往东前往泰山，转而执着于往生西方净土。随着龟兹等地的中亚音乐传入，中土音律的宫、商、角、徵、羽五音音律固有的缺陷被不断挑战，"琵琶及当路，琴瑟殆绝音"。以琴瑟、钟磬为乐器的时代过去了，音乐进入了新的时期。

中国文明更加紧密地和中亚连在一起，如一条脐带，各种思想和信仰元素沿着这条路线输入中土。粟特人和琐罗亚斯德教在中土兴起——这种兴起不但是商业贸易、宗教信仰，甚至包括在政治舞台上的崭露头角。中国成为这些宗教体系和贸易网络的重要组成部分，也进而使中国的思想和信仰，可以在更大的亚洲史或者全球史的框架里得到理解。比如佛教是在中亚和大犍陀罗地区重新发展和改造后才再次飞跃进入中国的。所以通过对犍陀罗佛教文献和图像的研究，可以转过来理解中国文明本身。从这样的角度，我们就更能理解贵霜君主迦腻色迦的遗产，理解曾矗立在洛阳的永宁寺的意义，等等。一个生动的例子是魏晋南北朝时期有关佛钵（Pātra）的观念。汉文文献记载得很详细，公元4—5世纪，乃至到6世纪初，存在一个去布路沙不逻礼拜佛钵的热潮。也正是在四五世纪，出现了大量佛钵与中土各种因缘的观念和传说，甚至出现了《佛钵经》之类的伪经。随着西行巡礼佛钵，有关佛钵的宗教、信仰、政治意涵也逐渐传入中国，习凿齿在给道安的信里，念叨着"月光将出，灵钵应降"。这一过程跟文献记载及政治宣传中提到有关佛钵的观念相表里，进而对魏晋南北朝时期的中国产生了重要的影响，乃至掀起了一场场的政治风潮。

魏晋南北朝是中国历史上一个思想自由的时代，也是各种知识和信仰体系互相激荡、影响、融合的时代，通过数百年的融合与再造，中国文明开启了一个新的历史时代。对这一时期纷繁丰富的知识和信仰进行深入研究，将有助于我们理解中国文明演进的轨迹。

# 第八讲 | 大雁塔为什么叫雁塔？

经历千年风霜、至今矗立在西安的大雁塔，也曾经俯瞰着隋唐长安那座历史上的伟大都市。它是中国中古时代带有强烈世界主义（cosmopolitanism）色彩的辉煌文明的见证者，也是佛教在亚洲兴起与传播这一脉络的重要地标。它的建立，在某种意义上是中土的长安崛起成为新的世界佛教中心的象征；同时，从这里出发，佛教横渡东海，将佛光洒在日本列岛上。它的宗教、思想、文化意涵，以及在整个人类文明起伏演进中的意义，清晰地刻画在历史的记忆里。不过，历史记忆又是如此的脆弱，以至于我们至今说不清楚为什么这座伟大的佛塔，叫作"雁塔"。虽然名无固宜，约定俗成谓之宜，但"大雁塔"之得名，背后却很可能存在被历史记忆所湮没的信仰与思想情节，而这些情节，将有助于我们理解佛教的域外思想因素和中国文明的关联性。

大雁塔的得名，目前最为学界认可和大众称道的，是玄奘《大唐西域记》所记其在印度所闻僧人埋雁造塔的传说。根据玄奘的回忆，在因陀罗势罗窭诃山东峰伽蓝前有窣堵波（即佛塔），名叫"亘（许赠反）娑"，玄奘注云："唐言雁。"根据注音，这里的"亘"读音为"桓"。其实在汉文佛教文献中，这个词多译为"桓娑"。关于这座"亘娑"塔的兴建缘由，玄奘记载，该寺最初修习小乘，开三净食（可以吃自然死亡的动物的肉）。有一天一个僧人饿极，看见群雁飞过，戏言说，今天午饭还没着落，菩萨应该知道吧。刚说完，一雁就投身坠落，死在僧前。众僧很感动，觉得是"如来设法，导诱随机"，于是转而修习大乘，并且建佛塔，将死雁葬于塔下，将佛塔命名为"亘娑"（雁）（《大唐西域记》卷九）。

玄奘见到这座以雁命名的塔，是否就意味着长安的大雁塔是仿制这座塔而来的呢？没有任何文献记载能够证明两者之间的关联。两者之间的关联，只不过是近代学者们从《大唐西域记》中找出了这条记载，然后裁剪拼接到长安大雁塔的建塔缘由上去的。看似合理，实际从史源和逻辑上都存在着无法解释的地方。翻检唐人文献，就找不到两者之间的关联，甚至到了宋代，宋人似乎也并不知道长安的大雁塔和《大唐西域记》的这条记载有什么关系。比如宋人张礼的《游城南记》就不买账。他对大雁塔得名的解释，依据的是《法显传》有关达嚫国（即憍萨罗国，Kosala）迦叶佛伽蓝佛塔的记载，这座佛寺"穿石山作塔五层，最下一层作雁形，谓之雁塔"，张礼由此推论，长安的大雁塔与此有关。但是检《法显传》原文，我们却发现这座佛寺最下层为象形，往上依次为狮子、马、牛、鸽形。鸽、雁同类，唐代习尚以雁为贵，凡言鸟者多以雁代之，故慈恩寺大雁塔以雁命名？是否如此，不得而知。但是唐初徐坚《初学记·道释部》记载释道安（312—385年）在襄阳檀溪寺造五重塔，正是对达嚫国伽蓝的模仿，但是唯一的区别，就是"最下为雁形"。所以张礼所说，也未必全错。有关信息传入中土后，或有失真。但可以确认的是，达嚫国迦叶佛伽蓝有雁或鸽的符号。

史实（historical facts）和构建的知识（constructed knowledge）是有区别的。有些观点是现代学术的产物。学术研究除了能够呈现出新的历史画面，也可能会制造出并不存在的关联，绘出并不存在的历史画面。从这个角度说，越是技艺精湛、思想丰富的历史学家，其过于完美的结论越是值得警惕。

其实大雁塔得名"雁塔"甚晚，并非在建塔之初就被命名为"雁塔"，而是后人追加命名的。也就是说，玄奘本人并不知道自己建造的这座塔名叫"雁塔"。玄奘弟子记载玄奘于652年在长安晋昌坊慈恩寺建塔时，"仿西域制度，不循此旧式也。塔有五级，并相轮露盘，凡高一百八十尺。层层中心皆有舍利，或一千二千，凡一万余粒"（《大慈恩寺三藏法师传》卷七）。玄奘本人并没有把这个塔叫作雁塔。翻检初盛唐诗文、佛教文献、官方文书等各类史料，这座佛塔主要的名字叫作"慈恩（寺）塔""慈恩寺浮图（屠）"，因其位于慈恩寺西院，有时也被称为慈恩寺西院浮屠，比如杜甫《同诸公登慈恩寺塔》诗、韩愈《长安慈恩塔题名》文、高适《同诸公登慈恩寺浮屠》诗等。中唐之前慈恩寺并没有"雁塔"的固定说法，到了科举制度勃兴，"雁塔题名"成为潮流，使得雁塔之名流行开来。至于在雁塔前冠"大"字，则大约起于明代。明代科举考试的文举人和武举人，仿照唐人故事，分别会聚于慈恩寺和荐福寺立碑留念，亦曰"雁塔题名"。因西安南郊有两座雁塔，为便于区别，遂有大、小雁塔之称。

其实，"雁塔"作为一种对佛塔的描述性文字，在唐代非常普遍。比如初唐四杰之一的王勃，在其文字中不厌其烦地用"雁塔"描述各个寺院的佛塔，比如《梓州元武县福会寺碑》云："都人狎至，瞻雁塔而欢心。"沈佺期《游少林寺》诗也称少林寺佛塔"雁塔风霜古，龙池岁月深"。卢藏用《景星寺碑铭》也用"雁塔分身，初疑踊出；蜂台合势，更自飞来"来形容景星寺佛塔。武三思《大周封祀坛碑（并序）》云："心悬万月，从雁塔而乘时；足驭千花，自龙宫而应运。"敦煌写本 P.3445 是一篇咏赞法门寺真身舍利的五言诗。《偈》诗中称法门寺真身舍利塔"神光分皎皎，雁塔起巍巍"。最值得注意的是武则天撰《大福先寺浮图碑》描述大福先寺佛塔云："于阗香像，尽写龙龛；舍利全身，咸升雁塔。"其实这里已经点出了"雁塔"跟佛教舍利信仰的紧密关系，"雁"是跟佛教舍利信仰紧密相关的一种符号。

从上述分析，我们可以推断三点：第一，"雁塔"早在慈恩寺那座今天叫作"大雁塔"的佛塔建造之前，已经被广泛使用来指代佛塔；第二，在慈恩寺大雁塔建造之后很长的时期内，它并不叫作"雁塔"；第三，"雁塔"成为慈恩寺那座佛塔的专属名称，并不是玄奘赋予的。所以，从跟玄奘有关的文献中裁剪一段记载来推断大雁塔的得名，逻辑上并不成立。如果要解释为什么慈恩寺大雁塔被叫作"雁塔"，可能需要解释的不是单个的塔为什么叫作雁塔，而是为什么"雁塔"这个词在中古时代被广泛用于描述佛塔。其根源性的原因，在于"雁"（桓娑）和佛教的密切关系，而不是跟哪座具体的佛塔有什么因缘。这涉及"桓娑"的真实意涵。

莫尼尔·威廉姆斯（Monier Williams，1819—1899 年）将梵文"hamsa"（中文即"桓娑"）翻译为"雁""天鹅""火烈鸟（flamingo）"等等。在西方学界，"hamsa"经常被翻译为"天鹅（swan）"。比较例外的是福斯保尔（N. Fausboll）翻译《法句经》时，将"hamsa"都用"anser（雁）"一词来对译。（高山杉认为，因为北欧国家是候鸟野鹅每年迁徙必经之地，北欧人一般从小对野鹅就十分了解，所以福斯保尔比英、法、德等西欧国家的学者更能领会印度佛经里提到的这种飞禽到底是哪种动物。由此可见，人种、民族、国家诸因素，同学术研究和文学创作息息相关。参看高山杉《欧洲人佛书翻译丛谈》，《读书》2004 年第 11 期，第 75—76 页。）沃格尔（Jean Vogel）在 1952 年质疑是否 hamsa 就是天鹅，其主要的依据是，在现代的印度，天鹅是极其罕见的，反而印度的斑头雁（*Anser indicus*）非常普遍。他认为，之所以西方和印度学者倾向于把"hamsa"翻译为"天鹅"，是因为天鹅在意涵上显得更加文雅。

然而，最近几年，又有学者提出反面意见，认为印度是有天鹅的。比如鸟类学家保罗·约翰斯加德（Paul Johnsgard）、彼得·斯科特（Peter Scott）都指出，印度的西北喜马拉雅地区确实是疣鼻天鹅（mute swan）的迁徙地。2003 年，学者们确认了在西北印度、东北巴基斯坦，尤其是克什米尔和巴基斯坦的南部部分地区是疣鼻天鹅的栖息地。但是这些证据仍不能证明古印度也有天鹅。

虽然 hamsa 或者说中文文献里的"桓娑"到底是斑头雁还是天鹅，尚有一点争议。但是毫无疑问，这个跟佛教教义密切相关的圣鸟被介绍到中国并被逐步融入汉文语境的时候，"雁"成了它的主要翻译。如果 hamsa 的原型是斑头雁，那么现在矗立在西安的大雁塔，更好的英文翻译就是"Anser Pagoda"，而不是"Wild Goose Pagoda"。当然最好的翻译应该是"Hamsa Pagoda"（桓娑塔），"雁"最初就是从"hamsa"翻译过来的。

桓娑是吠陀时代主神梵天（Brahma）的坐骑，在印度教里它象征着梵天。在不二论（Advaita Vedanta）哲学里，这种鸟生活在水边，但是羽毛却不被水打湿，因此被用来形容生活在充满物欲的世界里，但是却不被这些表象所玷污。在印度哲学和文学中，大多数情况下，桓娑代表着个体的灵魂、精神，或者是宇宙精神（在佛教中，多数指佛陀本身或者佛陀舍利）、最终现实（ultimate reality）。在佛教中，hamsa 的飞翔象征着跳脱六道轮回（samsara）。

桓娑作为一种精神符号和装饰元素，在印度和东南亚被广泛使用。在犍陀罗艺术中，桓娑也常常出现。在许多佛教艺术作品中，hamsa 跟释迦牟尼佛的形象连在一起，也用来象征佛法的神圣。如下文我们展示的那样，在一尊犍陀罗佛陀立像上，桓娑的浅浮雕围绕着佛陀；更多的时候，其出现在跟佛陀舍利供养有关的器物上，比如舍利容器、佛塔等，显示它跟跳脱六道轮回、涅槃等主题有关。现在，让我们沿着丝绸之路回到犍陀罗，寻找大雁塔的思想和信仰的根源。

### 1. 塔克西拉（Taxila）

1861 年，在塔克西拉出土了一个圆形的石质罐子，在罐子里发现了一件水晶制成的、桓娑形状的舍利容器。同时出土的还有一件大约 3 英寸长的、带有铭文的金叶，即学界所谓的"塔克西拉文书"（Taxila scroll）。时代是公元 1 世纪前后。石质罐子和水晶舍利容器在 1867 年被康宁汉送给了大英博物馆，至今仍藏于该馆。但是那件带有铭文的金叶却消失不见了，不过上面的铭文获得了解读，意思是："Sira 在桓娑（形的容器）中保存一片佛祖的舍利，（以此功德，）祝愿父母获得（更好的）重生。"这

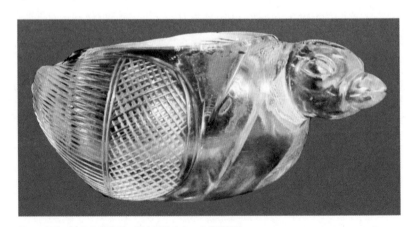

**图 37** 桓娑形水晶舍利容器，塔克西拉出土，大英博物馆

一水晶舍利容器显然和佛教的舍利信仰有关，而舍利容器的造型选择桓娑，也清晰地解释了桓娑作为重要佛教信仰符号的意义。

## 2. 毕马兰（Bimaran）

1833—1838 年左右，英国探险家查尔斯·马森（Charles Masson）在阿富汗的贾拉拉巴德西部毕马兰村的一座佛塔遗址（编号 2 号佛塔）中发掘了一个镶嵌红宝石的金制舍利盒。现藏大英博物馆。时代可能属于公元 1 世纪前后。其铭文翻译过来大体意思是："Mumjavamda 之子 Shivaraksita 的神圣供品，以众佛之名，供奉佛陀舍利。"

这一舍利盒高 7 厘米，出土时已经没有盖子，盒子底部中央为莲蓬纹，绕一周八瓣莲花纹。盒外壁上端和下端分别镶嵌形状不太规整的红宝石 12 枚和 15 枚，中部为 8 个浮雕人像，分别立于连拱门之内，可以明确为佛像的至少有 2 尊。佛两侧各有一胁侍，是帝释天（Indra）和梵天，除此之外，还有两个贵族供养人。佛陀造像穿希腊袍服，并且采用希腊塑像的单足支

图 38 毕马兰舍利盒，大英博物馆

撑姿态（Contrapposto）。这件东西可视为犍陀罗希腊式佛教艺术（Graeco-Buddhist Art）的珍品。

值得指出的是，在毕马兰舍利盒的上部，在每个连拱门之间，都刻画了一只伸展翅膀的类似雁形的鸟，若结合其他舍利容器，我们可以推断，这里展现的依然是桓娑。桓娑在这里的意涵，应该跟其他地方出土的舍利容器上的符号一样，代表着跳脱六道轮回等佛教教义。

### 3. 白沙瓦（犍陀罗故地、贵霜旧都布路沙不逻）

贵霜迦腻色迦统治期间，布路沙不逻成为帝国首都和佛教中心。迦腻色迦所建造的迦腻色迦大塔，或者汉文史料中的"雀离浮图"，很可能是当时世界上最高的建筑物，并且保持这个纪录达数百年之久。当西行巡礼的僧人从阿富汗的高山下到犍陀罗平原时，最震惊的莫过于看到这座宏伟的佛教建筑。法显、玄奘等都记载了这座伟大的佛塔。《洛阳伽蓝记》称之为"西域浮图，最为第一"。玄奘《大唐西域记》记载，"层基五级，高一百五十尺，……复于其上更起二十五层金铜相轮，即以如来舍利一斛而置其中"。

1908 年 9 月和 1910 年 11 月，斯普纳（D. B. Spooner）博士带队在白沙瓦郊外的沙琪基泰里发掘了雀离浮图的遗址，这座大塔从发掘的情形看，呈现出十字的外观，直径达 87 米。塔基的细部，装饰着禅定的佛陀。

从塔基底座正中的地宫中发现了迦腻色迦舍利容器（The Kanishka Casket，或者叫 Kanishka Reliquary）。这一青铜铸造的舍利函，高 18 厘米，直径 12.7 厘米，保存在白沙瓦博物馆，大英博物馆存有一个复制品。根据铭文，其时代一般被定为公元 127 年（这一年，郑玄出生），也即迦腻色迦即位元年。其佉卢文铭文包含的主要内容是："为了接受说一切有部诸师，此香函为迦腻色迦大王（Mahārāja）供养的功德礼物……在迦腻色迦城（Kanishkapura，应该即 Purusapura，汉文史料中的布路沙不逻。可见此城曾经以迦腻色迦的名字命名）。以此功德祝愿众生福德圆满……"

这一舍利函的下半部中间的雕像是佛陀，被帝释天和梵天所护持。最下部一般认为是体现的贵霜君主的形象。舍利容器的盖子边缘装饰了一圈飞翔的桓娑，象征着从六道轮回中跳脱，这也是佛教的一种最基本的理想。有一些桓娑嘴上嗛着象征胜利的花环。

4. 犍陀罗佛像上的装饰物

2013 年 3 月在纽约洛克菲勒中心拍卖的一件犍陀罗佛像，

**图 39** 迦腻色迦青铜舍利函，白沙瓦博物馆

最终以 60 万美元成交，现藏鲁宾博物馆。这是一件非常罕见的青铜佛陀立像，犍陀罗和斯瓦特（Swat）地区，公元 5—7 世纪，高 36.2 厘米。最初属于东京私人收藏品，之后辗转换手，2004—2013 年保存在纽约的私人藏家手中。在佛像的四周，罕见地装饰着一圈浅浮雕的桓娑。这是在所见到的犍陀罗佛像中极少见的类型。作为象征灵魂和再生的桓娑，在这里象征着佛教对跳脱六道的追求。这一符号，正如我们在前面讨论的那样，在犍陀罗佛教艺术中非常常见。

**图 40** 犍陀罗铜佛立像，鲁宾博物馆。装饰有桓娑的符号

## 5. 带有桓娑符号的耳塞

发掘于公元 1 世纪的犍陀罗，即今巴基斯坦，金质，直径 2.7 厘米。1987 年由塞缪尔·艾伦贝格（Samuel Eilenberg）捐赠，编

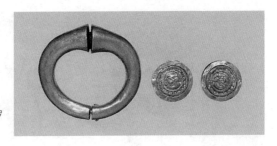

**图41** 大都会博物馆藏犍陀罗出土耳塞，带有桓娑形象

号 1987.142.290a,b。

### 6. 于阗（Khotan Kingdom）

桓娑作为重要的宗教符号，也出现在于阗。由罗杰斯基金会捐赠，纽约大都会博物馆所藏编号为 30.32.8 的彩色浮雕，长宽分别为 19.1 厘米和 16.5 厘米，表现的是带有花冠状尾翼的桓娑，出土于新疆和田和叶城之间的帕尔漫（Pialma），属于公元 6—7 世纪的于阗王国。这块带有桓娑形象的浮雕，是一座佛教寺院内部墙壁装饰的一部分，可以揣测，这只桓娑并非单独的，而是如其他佛教遗迹所见的桓娑一样，是一长串圣鸟中的一只。这一长串的桓娑，很可能是围着四面墙壁的下沿，划出一个神圣的宗教空间。对佛教寺院而言，桓娑所代表的佛教意涵，应该和中亚出土的舍利容器、佛陀雕像上的桓娑是一致的。大都会博物馆同时也保存了这块桓娑浮雕上面的边缘装饰物，这是一块宝珠样式的框，编号 30.32.10，长宽各 19.1 厘米和 7 厘米。可以想见，这一装饰框也是围着桓娑形成整体的装饰。于阗是西域重要的佛教中心，对中土佛教有重要的影响。贞观十八年（644 年），从印度取经回国的玄奘，途经于阗，在此停留七八个月，受到热诚的招待。我们并不能确定玄奘在于阗是否看到过被桓娑图样装饰的佛教寺院，更无法知道玄奘是否曾在这一只桓娑面前停下脚步，但是可以合理推断的是，在玄奘停留于阗的时候，于阗的佛教寺院，的确曾用桓娑装饰了寺院的建筑。武则天撰写的《大福先寺

**图 42、43** 大都会博物馆所藏带有桓娑形象的于阗佛寺的建筑装饰浮雕及其边框

浮图碑》记载了于阗佛教装饰对洛阳大福先寺佛塔的影响："于阗香像，尽写龙凫；舍利全身，咸升雁塔。"

7. 克孜尔 69 窟后甬道，涅槃像身光特写

在库车石窟天象图中，描绘有立佛像和数量众多的飞鸟，也是桓娑。这里举一个克孜尔石窟的例子，证明桓娑成行飞翔的形象也广泛见于中国的新疆地区，不论是龟兹还是于阗，都看到了类似的形象。

从印度本土，到大乘佛教兴起的犍陀罗地区，桓娑作为跟佛陀、涅槃、重生、舍利供养等佛教意涵紧密相联的符号和形象，沿着丝绸之路一路东进。一方面体现在佛教艺术和建筑上，不论是佛教雕塑、壁画、舍利容器，我们都看到了桓娑成行飞行的形象；另一方面，作为重要的概念，"桓娑"被翻译为"雁"进入中土佛教的话语系统，佛塔（塔的本意就是坟墓）作为保存佛陀舍利的神圣空间，如舍利容器一样，也就被冠以"雁塔"的名称。这一名称，并不被西安大雁塔所专有，也跟具体的某个僧人无关，它所植根的，是佛教最基本的信仰和思想传统，闪耀着中外文化交流的光芒。

# 第九讲 | 从富楼沙到长安：隋唐建都思想中的一个佛教因素

隋唐是佛教昌盛的时代，也是各种文明、思想、传统交流融合的时期。不论是信仰世界、日常生活，还是政治意识形态，即便是文字资料遭到后代不断的涂抹，仍然能够看出，都打上了深刻的佛教烙印。本文做的是一个个案的研究，希望探讨隋唐长安城建城之初有没有受到佛教思想或者传统的影响。要讨论这个问题，就绕不开佛教对世俗王权的看法，以及佛教在进入中国之前形成的一些传统。通过这个个案的研究，笔者主要想说的是：通过梳理佛教在"域外"留下的信息，或许对理解中国的历史和文明本身，具有一些意义。

一般认为，尽管隋唐长安城的建造是崇尚佛教的隋文帝建造的，但是最初大兴城的设计理念，主要是中国传统的都城建筑模式。正如妹尾达彦所论，大兴城主要是依照《周礼》记载的理念进行规划的。除了"前朝后市"做了南北颠倒，"左祖右庙、中央宫阙、左右民廛"，乃至宫城内部的布局、城市的形状、城内的街道、城墙的城门等细节，都是根据《周礼》的描述设计的。大兴城的中轴线从北边的宫殿，一直往南到南郊，形成一条南北礼仪轴线，城外郊祀配合四季时间的变化，构成了长安的礼仪空间。各种王权礼仪，在这城内外的礼仪空间中反复上演。荣新江认为，大兴、长安城最初的建筑设计是以儒家的礼仪空间为主要理念，但是由于传统礼仪制度的影响和社会观念变迁——比如儒家礼仪空间主要在郊外或者局限在宫城、皇城之中而让出了广阔的坊里空间——最后导致佛道等宗教场所逐渐占据了长安城内最为广阔的场域。（这一佛道在内、儒家在外的神圣空间格局，从隋唐以来一直延续下来，对于中国政治进程、社会发展以及城市布局等方面，都有深远的影响。）

中古时代儒家学说仍带有强烈的宗教色彩，阴阳五行、天人感应学说弥漫在社会的各个角落。不论是精英的知识、民众的生活，还是政治的运作，都受到以纬学思想为核心的这一套信仰和知识体系的影响。那么，很难想象，隋唐长安城的设计理念里，没有阴阳五行、天人感应的成分。妹尾达彦指出，大兴城内的大兴殿（唐高祖李渊即位前改为太极殿）对应的是天上的北极星，天子所居，也就对应为宇宙的中心。其实，在大兴城设计之初，就受到了阴阳术数思想的深刻影响。开皇元年，著名的天文星占家庾季才上书隋文帝，"臣仰观玄象，俯察图记，龟兆允袭，必有迁都"，为迁都奠定了理论基础。因为庾季才的支持，隋文帝遂发诏兴建大兴城，并将庾季才晋爵为公。大兴城的建造者宇文恺本人也曾经和以天文历算著称的耿询一起制作称水漏器等计时器，对天文历法之类的非常熟悉。

长安城受到阴阳术数思想的影响，其中最为大家津津乐道的就是朱雀街南北六条高坡与八卦的对应。李吉甫《元和郡县图志·关内道》记载：

> 隋氏营都，宇文恺以朱雀街南北有六条高坡，为乾卦象，故以九二置宫殿，以当帝王之居；九三立百司，以应君子之数；九五贵位，不欲常人居之，故置玄都观及兴善寺以

镇之。

从卦辞上看，九二为"见龙在田，利见大人"，所以设置为帝王之居；九三为"君子终日乾乾，夕惕若厉"，设计为百官官署；九五为"飞龙在天"，则常人不能居住，以寺院道观镇之。笔者也尝论，大兴城东南隅被挖掘成池（曲江），是魇镇东南的体现。当时修建大兴城时，南朝仍在，要到七年后才统一。大兴城的东南隅地势高耸，从堪舆角度看，对隋朝命数不利。宇文恺不辞烦琐，将其地挖凿成池，就是要将代表黄旗紫盖的东南王气用术数的办法加以镇压和摧毁。正因为如此，长安城的南部东西是不对称的，西南是坊里，东南是曲江。

　　除了上述思想因素之外，我们不得不问，隋文帝建造大兴城的理论依据里面，难道没有佛教的因素吗？毕竟，这是一个佛教昌盛的时代，而且推动建造大兴城的隋文帝，是历史上使用佛教意识形态进行政治宣传的代表人物。佛教传入中国之后，对城市空间的影响是巨大的。隋唐长安城是一座佛光闪耀的都市，很难相信这样一座城市，在设计的时候，没有打上任何佛教的印记。

　　我们回到大兴城建城之初。隋文帝建立隋朝之前，佛教经过北周武帝的灭佛运动，关中佛教损失惨重。在新建的都城，佛教僧团是重新征召的。在开皇七年关东六大德到来之前，京城主要的僧团是国师昙延（516—588 年）及其弟子。大兴城开皇二年建造，所以只有昙延跟这座新都城可能产生关联。昙延代表着北周－隋朝佛教的官方正统，灭佛前他就是北周的大昭玄统。他也是复兴佛教的主要人物，正如唐初道宣所论，"三宝再弘，功兼初运者，又延之力矣"。隋文帝对昙延执弟子之礼，"帝既禀为师父之重，又敕密戚懿亲，咸受归戒。至于食息之际，帝躬奉饮食，手御衣裳，用敦弟子之仪，加敬情不能已"。而且让昙延在

佛教文化十八讲

大兴殿"登御座南面授法,帝及朝宰、五品已上咸席地北面而受八戒",确认昙延的国师地位。隋文帝以佛教转轮王自居,其政治宣传,昙延也参与其中,并扮演重要角色。开皇二年冬,那连提黎耶舍在大兴善寺草创译场,隋文帝"敕昭玄统沙门昙延等三十余人,令对翻传",监掌译务。

笔者尝论隋唐长安佛教中心是如何成立的,发现昙延在其中扮演了重要角色。最令人感兴趣的是,他的名字和新建的都城连在了一起。唐初道宣记载:

> 移都龙首,有敕于广恩坊(即唐长寿坊)给地,立延法师众。开皇四年,下敕改延众可为延兴寺,面对通衢。京城之东西二门,亦可取延名以为延兴、延平也。然其名为世重,道为帝师,而钦承若此,终古罕类。昔中天佛履之门,遂曰瞿昙之号。今国城奉延所讳,亚是其伦。

为了尊崇国师昙延,隋文帝用昙延的名字命名了大兴城东西的城门,分别叫"延兴门""延平门"。道宣也惊叹,这种事情"终古罕类"。

昙延的名字只是出现在了东西城门上。与其相比,我们可能忽略了,隋文帝把自己的名号加在了大兴城这座城市的很多关键位置上。正如下面将讨论的,城曰大兴城,殿曰大兴殿,门曰大兴门,县曰大兴县,园曰大兴园,寺曰大兴善寺,园花池沼,其号并同。中国古代社会因为有避讳的传统,从来不用君主或者圣贤英雄的名字命名地方,更不要说都城。这一点很容易理解,如果大兴城是叫"杨坚城",不论口头还是文字,甚至官文书,都要不断提到君主的名讳,这是难以想象的。即便是"大兴",也依然是隋文帝的个人名号。在隋文帝之前,从未有君主将都城以自己的名号命名。即便是杨坚之后，也从未发生过。对建都这样重大的事情，难道仅仅是君主任意而为，或者巧合吗？由于历史记载，尤其是有关佛教的痕迹被后代儒家学者反复涂抹，或许有一些可能存在的情节，被湮没了。

对隋文帝杨坚而言，"大兴"具有特殊的宗教和政治意义。隋文帝不但用"大兴"命名了新建的都城，而且用它命名了跟都城有关的重要地标和建筑。新都命名的诏书是开皇二年夏天发布的，参与隋文帝政治宗教宣传的翻经学士费长房和唐初的高僧道宣都记录了这道诏书的关键部分，尽管字词有出入，但内容一致。费长房记载，"城曰大兴城，殿曰大兴殿，门曰大兴门，县曰大兴县，园曰大兴园，寺曰大兴善寺。因即三宝慈化，自是大兴。万国仁风，缘斯重阐"。道宣记载略同，增加了一句话："园花池沼，其号并同。"如果简单地分析，很显然，隋文帝是在把新都到处打上自己的印记。隋文帝对"大兴"这个名号非常看重，比如他在册立杨广做太子时，让杨广"出舍大兴县"，原因是他自己就是"以大兴公成帝业"。杨坚在北周的时候，先封成纪县公，明帝即位，进封大兴郡公，之后袭爵隋国公。所以说，大兴郡公既不是他的第一个封爵，也不是他最后的封爵，却成了他宣传的重要标语。

那么，是不是仅仅由于杨坚做过大兴郡公，就把新都城和新都城的一系列标志性建筑、机构用"大兴"命名呢？可能并非如此。"大兴"这个词在隋文帝运用佛教进行的宣传和运作中，很可能是个关键的概念。从这个意义上说，用带有鲜明个人色彩的"大兴"来命名新都城，其中的原因，超出世俗文献的记载和暗示。这一点，费长房在《历代三宝纪》中已经在那道命名新都的诏书之后做了总结："我皇帝之挺生，应天时，顺地理。……散经还聚，聚光大集之文；别壤遂通，通显大兴之国。非夫位握金轮，化弘方等，先皇前帝，弘化阐法，其孰并斯焉？"也就是说，能够完成"大兴之国"等伟业，是因为"位握金轮"的杨坚的功劳。"位握金轮"当然是指杨坚作为一个佛教转轮王的资格。此类政治修辞语言，在南北朝隋唐时期已经非常普遍。

如前辈学者屡屡指出的那样，隋文帝以佛教转轮王自居，佛教是其重要的政治意识形态工具。而其中最为重要的宣传文件，是那连提黎耶舍在开皇二年开始翻译的《德护长者经》（又名《尸利崛多长者经》）。这一两卷本的重译佛经，之前已经存在多个译本。重译的主要动机，是为隋文帝提供统治合法性的"于经有征"的证据。这个在当时被隋文帝高度重视的翻译项目，在文末做了一番现在看来都非常直白的宗教性的政治预言：

> 又此童子（月光童子），我涅槃后，于未来世护持我法，供养如来，受持佛法，安置佛法，赞叹佛法。于当来世佛法末时，于阎浮提大隋国内，作大国王，名曰"大行"。能令大隋国内一切众生，信于佛法，种诸善根。时大行王，以大信心大威德力供养我钵。于尔数年我钵当至沙勒国，从尔次第至大隋国。其大行王于佛钵所大设供养。

这个说法，立刻被隋文帝的翻经学士费长房吸收并广泛宣传，他在《历代三宝纪》中就引用新译的《德护长者经》，说"月光童子于当来世佛法末时，于阎浮提脂那国内作大国王，名曰大行。彼王能令脂那国内一切众生住于佛法，种诸善根"。

《德护长者经》对确立隋文帝佛教君主地位的意义，相关研究甚多，兹不赘述。我们来看一处之前学者未曾讨论的细节："大行""大行王"。从汉代开始，"大行皇帝"就是皇帝死之后、谥号未确定前的称呼，所谓"大行皇帝，不永天年"。"大行"的本义，就是永远离开的意思。在一个刚刚建国、政治敏感度极高的时代，称杨坚为"大行王"，让人非常不解。可惜的是，我们没有更多的版本可以核对，确认这里的"大行"就是费长房说的"大兴"，"大行王"就是"大兴王"（也就是杨坚）。文本在传抄过程中有可能出现这样的错讹。从逻辑上推断，那连提黎耶舍已经直白地提到了"大隋国"，没有必要再遮遮掩掩这个大隋国的君主就是"大兴王"杨坚。费长房在《历代三宝纪》中称隋朝为"大兴之国"，也可作为间接证据。

或者还有一种解释，所谓"大行"指的是菩萨之修行。因为即便是转轮王，也还是没有跳脱六道，还需要继续修行和轮回，达到最终解脱。菩萨行是转轮王应该遵循的。这种解释曲折烦琐，太过牵强，恐怕离真相较远。在新的证据出现之前，我们暂不断定，"大行"就是"大兴"。但是从史料的整体内容来看，毫无疑问，《德护长者经》里提到的"大行王"就是杨坚。而且，杨坚要"以大信心大威德力供养我钵（这个预言是借着释迦牟尼佛的口说的）。于尔数年我钵当至沙勒国，从尔次第至大隋国。其大行王于佛钵所大设供养"。很显然，那连提黎耶舍等佛教理论家们，试图将隋文帝和佛钵联系在一起。

作为一个重要的宗教政治符号，佛钵屡屡出现在犍陀罗艺术作品中，而且往往跟弥勒信仰连在一起。早在东晋兴宁三年（365年）四月，襄阳的习凿齿致书高僧道安时，就提到"月光将出，灵钵应降"。至少在公元4—5世纪，乃至到6世纪初，存在一个去中亚礼拜佛钵的热潮。笔者尝论佛钵信仰与中古政治的关系，此处不再赘述。简而论之，佛钵是弥勒信仰和转轮王观念中的传法信物。在未来弥勒下生后，佛钵将会再次献给他，如之前四天王献给释迦牟尼一样。而弥勒下生之前，将有佛教的理想君主转轮王出世，统治世间，供养佛钵。佛钵在哪里，哪里就是佛教中心。而且，在魏晋南北朝，至少还包括隋代，在中土一直流传着佛钵将来到华夏的说法。而有关佛钵的信仰，和有关月光童子出世为转轮王的信仰交织在一起，伴随着大量有关这一内容的疑伪经的出现，在中古政治中掀起了很多波涛。隋文帝，也是典型的宣扬自己是月光童子出世为转轮王的君主。这也就很容易理解，为什么在《德护长者经》篡改部分反复出现"月光童子""佛钵""大兴"等关键词。

前文提过，迦腻色迦，这位佛教文献里著名的转轮王把佛钵千里迢迢抢到了自己的首都富楼沙。而那连提黎耶舍这位替杨坚进行政治理论探索的高僧，也把杨坚供养佛钵写进了《德护长者经》这个政治预言性的文献。但是可惜，佛钵没有东来，后面的故事也没有发生。我们不知道那连提黎耶舍在篡译《德护长者经》，写下佛钵到隋朝来的预言时，是不是也向隋文帝建议把佛钵从他的故乡（斯瓦特离富楼沙很近）运到长安，如迦腻色迦把佛钵从佛陀故地千里迢迢运到富楼沙一样。我们知道的是，约公元630年，杨坚驾崩二十多年后，玄奘抵达富楼沙，只看到王城内东北供养佛钵的宝台，但是佛钵已经被搬到了"波剌斯"。在记波斯时，玄奘专门提到，波斯都城苏剌萨傥那（Suristan），"释迦佛钵在此王宫"。

那连提黎耶舍本就是出身犍陀罗文明的核心地区。他是乌苌国（今斯瓦特地区）人，对犍陀罗地区非常熟悉。富楼沙对他来说，具有很强的吸引力。我们看他在北齐的时候翻译《大方等大集经》时描述富楼沙（也就是他笔下的"富楼沙富罗"），"尔时世尊以富楼沙富罗国付嘱阿罗脯斯天子千眷属、难提乾闼婆百眷属、净众紧那罗百眷属、摩尼华夜叉千眷属、迦荼龙王阿婆罗罗龙王各二千五百眷属、大怖伽楼罗百眷属、讫多孙地阿修罗五百眷属、烧竹鸠盘茶五百眷属、多卢斯天女三目天女各五百眷属，汝等共护富楼沙富罗国"。佛陀将此城托付众神,嘱咐他们护佑富楼沙。富楼沙在佛教中的地位可见一斑,至少说,在那连提黎耶舍的眼中,富楼沙是跟佛教关系极为密切的城市。而且,根据唐初道宣的记载,那连提黎耶舍亲自去富楼沙礼拜过佛钵。所有这些背景,加上从魏晋南北朝以来佛教救世主观念的兴盛,让那连提黎耶舍在重译的《德护长者经》中加入了之前译本不存在的内容,这些内容包括预测杨坚在"大隋国"做"大行(兴)王",还包括佛钵将来到隋朝,大行(兴)王将如迦腻色迦那样,作为佛教转轮王,供养佛钵。

佛教传入中国,带来了新的政治理论和意识形态学说。尤其是在中古时期,佛教对于世俗王权的理念,以转轮王为核心,对当时的政治世界产生了重要影响。这种影响超出了政治修辞的层面,实质性地重塑了当时的政治运作模式和游戏规则。就隋文帝而言,除了用"金轮""飞行""十善""七宝"这些跟转轮王紧密相关的新术语打扮自己之外,最为学者关注的,是他模仿历史上有名的转轮王阿育王进行分舍利建塔。分舍利建塔被视为是塑造转轮王身份的一种仪式性的活动,毕竟,隋文帝结束了长达三百年的分裂,完成了南北统一,这在当时看起来也是极其伟大的功业。按照中国传统的政治理念,隋文帝应该通过去泰山封禅,昭告天地,报告自己取得的成就。但是隋文帝却没有这么做,他选择了分舍利建塔,用佛教将中央权威通过佛教仪式、祥瑞、宣传等手段渗透到地方各州,来巩固帝国的统一。

很显然,杨坚沿袭了历史上著名的转轮王阿育王、迦腻色迦等人的做法,通过供养舍利,用佛教作为南北都接受的意识形态来统一人心。在分舍利建塔的过程中,根据他的诏书,"建轨制度一准育王",也就是完全模仿阿育王的做法。隋文帝的重要政治理论家王邵撰写的《庆舍利感应表》,专门记录各州分舍利建塔过程中发生的各种神异情节，比如瀛州，挖土安放舍利石函时，土中出现黑色篆书文字，云"转轮圣王佛塔"。地方政府对杨坚宣扬自己是转轮王的意图非常清楚，曲意附会再明显不过了。所以戴密微（Paul Demiéville）早就指出，隋文帝模仿历史上的转轮王，是一种阿育王样式（Asoka model）。隋文帝自己在诏书中说："佛以正法（Dharma）付嘱国王，朕是人尊，受佛嘱咐。"

隋文帝分舍利建塔的前提，是在新都建立以他的名号命名的大兴善寺。大兴善寺在大兴城设计中占据重要位置，也在隋文帝统治时期在政治和宗教活动中占据中心位置。隋文帝稍后从关东地区征召六大德僧团到京城，首先都是安置在大兴善寺。先组建佛教中心（大兴善寺），把高僧笼络入京，然后再分舍利于四方，这是开皇－仁寿时代隋文帝运用佛教进行政治运作的主要措施。有学者论贵霜君主与佛教之关系，认为贵霜的开国君主丘就却的做法影响了中国中古时期的君主们。根据这一理论，丘就却在都城建立宣教的总部"阿育王僧伽蓝"，在地方建造教化中心"如来神庙"，达到以佛教教化人民的目的。不过，必须指出的是，在历史上，丘就却和阿育王是两个人，似不能混为一谈。在都城建立阿育王大寺的是阿育王，而不是丘就却。关于阿育王在都城华氏城修建阿输迦罗摩大寺（Asokarama）——也是用自己的名号命名该寺——有坚实的文献记载可以证实。汉译《善见律毗婆沙》记载了他修建该寺的情形。缅甸的《琉琉宫史》记载了更多细节，包括阿育王站在阿输迦罗摩大寺上，看到各地正在举行安放舍利仪式的 84000 座寺庙。"阿输伽"本义为"无忧"，汉文史料中常称其为"无忧王"。"阿输迦罗摩大寺"的称呼，跟隋文帝杨坚用"大兴"命名首都的大兴善寺，从简单的对比看，逻辑是一致的。

对中国中古时期的人们来说，最有名的两个护持佛法的转轮王，一个是阿育王，另一个就是贵霜帝国的迦腻色迦。我们看了阿育王建造以自己名号命名的、位于首都的大寺的情况，现在转到可能对中国中古时代直接影响更大的贵霜帝国的情况。现在学界一般认为，佛教是经过在犍陀罗的再造和融合，才传入中国的，很多理念是从那里发端的。译经僧，包括隋文帝时期最重要的那连提黎耶舍，都是来自这个地区。

现在对迦腻色迦的时代仍有些争议——不是因为史料不够，是因为史料太多，记载冲突——这非本文的关键。我们按照现在通常接受的观点，约在 2 世纪上半叶。在他统治时期，他将首都迁到了布路沙不逻，也就是今天的白沙瓦附近。佛钵等佛教圣物也被搬到这里，在之后的数百年间，这里成了佛教的中心。法显经过此城，称其为弗楼沙国，在汉文史料中，这座佛教色彩浓厚的都城又被称为"富楼沙"。这座伟大的都市，在之后的历史中湮没了绝大部分记忆。19 世纪以来的考古发掘，出土了数量惊人的佛教雕刻，从一个侧面印证了其当时作为丝绸之路大都市和佛教中心的地位。

布路沙不逻的本义是"人之城"。龙树菩萨造、后秦龟兹国三藏法师鸠摩罗什奉诏译《大智度初品》云："'富楼沙'（布路沙、弗楼沙），秦言'丈夫'。"也就是说，布路沙不逻的意思是"人之城"。但是，考古证据显示，这座城市还有另外一个名字：迦腻色迦布逻（Kanishkapura）。至少，在迦腻色迦迁都到这里（如杨坚一样，是新都）的时候，此城也叫作"迦腻色迦布逻"（迦腻色迦城）。迦腻色迦在统治时期，修建了迦腻色迦大塔。这座塔，在汉文史料中非常有名，叫作"雀离浮图"。西行求法的高僧包括法显、玄奘等都对此塔赞叹不已。在中国中古的历史记忆里，"雀离浮图"也留下自己的很多痕迹，此非本文重点，不须赘述。不过值得指出的是，"雀离浮图"的本义就是"轮王之塔"或者"轮塔"。这座用迦腻色迦名号命名的佛教建筑，就位于富楼沙或者迦腻色迦城，现在的位置在白沙瓦郊外的沙琪基泰里。

很显然，迦腻色迦给富楼沙这座伟大的都城、佛教的中心打上了自己的印记，如之前的阿育王一样。我们看到，都城叫作迦腻色迦城，寺院叫作迦腻色迦大寺，佛塔叫作迦腻色迦大塔（又叫"雀离浮图"或者"轮王之塔"）。这一做法，竟跟后来隋文帝在大兴城的做法如此一致。而且，隋文帝可能差一点听从那连提黎耶舍（老家是贵霜故土）的意见，模仿迦腻色迦把佛钵搬到大兴城。很可惜的是，世俗文献经过后代反复洗刷，佛教的痕迹已然模糊不清，《隋书》等文献里，除了几个"邪恶和尚"，几乎读不出任何"民间佛经，多于六经数十百倍"的佛教昌盛的意思。

中土的皇帝们能够模仿的典范转轮王，除了阿育王，就是这位汉文文献中不断出现的迦腻色迦了。但是以上是现代考古提供的证据，并不能证明隋文帝杨坚的时代，他和隋代的高僧和士人们有机会了解到迦腻色迦的做法。但实际上，我们即便不依靠现代考古发现的铭文，仅仅依靠汉文佛教文献的记载，也能证明迦腻色迦在都城的这些作为。这些汉文文献，隋文帝他们是可以看到的，而且有关迦腻色迦的有关信息，在中古时代非常流行，反而是处于现代的我们不能够彻底了解其中的真相。

马鸣菩萨（迦腻色迦的重要佛教顾问）造，后秦三藏鸠摩罗什译《大庄严论经》卷三有这样的记载："栴檀罽尼咤王将欲往诣罽尼咤城，于其中路见五百乞儿。"北魏西域三藏吉迦夜共昙曜译《付法藏因缘传》也有类似的记载：迦腻色迦"后至腻吒塔"，路遇五百乞丐，施舍给他们财物。汉文史料中称迦腻色迦为"真檀迦腻吒"或者"栴檀罽尼咤"（Chandan Kanika），都是"犍陀罗（之王）迦腻色迦"的音译。汉文史料中提到的"罽尼咤城""腻吒塔"显然就是指的富楼沙和雀离浮图。唐初道宣将这座塔称为"迦腻王大塔"，并且指出，"即世中所谓'雀离浮图'是也"。迦腻色迦大塔西北还有一座寺院，为迦腻色迦所建。玄奘在其《大唐西域记》中记载，"大窣堵波西有故伽蓝，迦腻色迦王之所建也。重阁累榭，层台洞户，旌召高僧，式昭景福"。不过玄奘去的时候，寺院已经衰败了。《印度志》的作者比鲁尼（973—1048 年）证实了这一点，他在 11 世纪初提到白沙瓦有一座迦腻色迦所建造的伽蓝，名叫"迦腻色迦支提"（Kanik Chaitya）。

在贵霜王朝之前，希腊 – 巴克特里亚（即汉文史料中的大夏，后来被大月氏所灭）的君主们也常用自己的名字命名城市。我们知道，亚历山大在中亚和西北印度建立了一系列叫"亚历山大城"（Alexandria）的城市，比较有名的有 Alexandria of the Caucasus、Alexandria on the Oxus、Alexandria Eschate（极东亚历山大城，有可能是汉文史料中的大宛）等。佛教历史上另一位有名的护法君主米南德一世，就是出生在其中一座亚历山大城（最大可能是 Alexandria of the Caucasus）。另外一位有名的希腊 – 巴克特里亚国王德米特里一世也建有德米特里亚城（Demetrias）。作为大夏后来的新王朝，贵霜君主迦腻色迦受到上述传统的影响，也有可能。或是佛教和其他多种文化传统融合而成的做法。还原历史真相，只能有待新的史料出现了。

我们把上述信息做一个梳理，也就是说，仅仅依靠南北朝隋唐时代的汉文佛教文献，即可确定，迦腻色迦迁都布路沙不逻后，这座新都城不论城名、寺名、塔名都用了迦腻色迦的名号。由于缺乏文献记载，我们不能确定阿育王和迦腻色迦完全一样，但至少可以确定阿育王也用自己的名号命名了都城的中央大寺。

作为这两位"传说中"的佛教转轮王的追随者，隋文帝杨坚在营建新都时的许多细节，确实跟前两者有类似的地方。尤其是杨坚之于大兴城，和迦腻色迦之于富楼沙，在宗教和政治运作上颇有相似之处。而杨坚在大兴城修建大兴善寺作为征召高僧、分舍利建塔的总部，以及用自己的名号命名都城的重要地名，都在之前的本土传统中找不到前例或者依据。或许我们可以说，在隋唐长安城，佛教并非是完全缺位的，的确留下了自己的一些痕迹。

# 第十讲 | 隋末军阀朱粲为什么自称"迦楼罗王"

隋末战乱，群雄并起，中原逐鹿。其中一路军阀朱粲，从大业末年到武德四年，横行江淮，成为一支重要军事力量。关于朱粲，两唐书记载略同：亳州城父人，初为县佐史，从军讨贼长白山，聚结为群盗，号"可达寒贼"，自称"迦楼罗王"，众至十余万。自称楚帝，建元"昌达"。朱粲最为后世所知的是，他的军队以人肉为食。根据两唐书记载，朱粲集团不务稼穑，以劫掠为业，百姓大馁，死者如积，人多相食。于是，略得妇人、小儿，皆皆烹之，分给军士。在后来的发展中，朱粲先投靠关中的李唐政权，后又转投洛阳的王世充。武德四年，李世民平定洛阳，将其斩于洛水之上。士庶嫉其残忍，竞投瓦砾以击其尸，须臾封之若冢（详细记载参看《旧唐书》卷五六《朱粲传》及《新唐书》卷八七《朱粲传》）。

除了食人，朱粲最令人印象深刻的，恐怕是他自称"迦楼罗王"，其军号"可达寒军（贼）"——恐怕"贼"是后来行文者篡改所致。朱粲军号"可达寒军（贼）"，因为史料缺憾无法确知。或以为"寒"为"汗"，"可达寒"即"可汗"之意。可是，为什么朱粲自号"迦楼罗王"呢？领袖头衔是政治宣传的重要部分，其宣扬或者隐含的宗教思想和政治精神是什么呢？

迦楼罗（Garuda），汉文译经中也译为"迦娄罗""迦留罗""揭路荼"等。唐代罽宾国三藏般若力译《迦楼罗及诸天密言经》（《大正藏》第21册）对迦楼罗给出一个典型的描述："迦楼罗者，天竺方言，唐云金翅鸟，盖非敌体之名，乃会意而译也。然古今经论传之久矣。夫龙德隐微，变化无极，忤之者祸至，奉之者福招。穷其受生，具胎卵湿化，无复他患，唯苦迦楼罗。"根据般若力的总结：第一，迦楼罗即金翅鸟，也就是世俗所谓大鹏金翅鸟，"迦楼罗"是音译。第二，有关迦楼罗的知识，在唐朝及之前已经广为人知，"古今经论传之久矣"。第三，迦楼罗是龙的克星。虽然龙威力无穷，"忤之者祸至，奉之者福招"，但是"无复他患，唯苦迦楼罗"。这样的描述，基本反映了中古时代人们对迦楼罗的基本印象。

汉唐间佛教译经中有大量关于迦楼罗的描写，其中迦楼罗以龙为食的特征往往被强调。佛教中的龙，是那伽的对译，跟中土传统理念里的龙完全是两个概念。在佛教六道轮回的体系里，那伽或者汉译为"龙"的这种物种，属于三恶道之一的畜生道，这

**图44** 带迦楼罗形象的盒盖，公元4世纪，大都会博物馆

跟中土理念里象征皇权、祥瑞的龙的形象截然相反。前者属于畜生，被称为"龙畜"，后者带有高贵、权威的意涵和色彩。当那伽被对译为龙之后，两者的意涵，在很多语境中，被有意或者无意地混淆在一起了。进而，迦楼罗以那伽为食的特征，被"嫁接"到中土象征皇权的龙身上，让迦楼罗增加了一些新的政治意涵。

在印度教里，迦楼罗是主神毗湿奴的坐骑。根据史诗《摩诃婆罗多》，他的母亲被龙掳走，他跟龙争斗是为了夺回母亲。通过梵天的协助，迦楼罗成为龙种的天敌，以龙为食。后来，迦楼罗的形象被吸收进入佛教的万神殿，成为天龙八部之一。迦楼罗和龙虽同为天龙八部之一，但是两者却常以敌对的面目出现。有关迦楼罗取食龙种，在汉文译经中常常出现，比如西晋沙门法立共法炬译《大楼炭经》（《大正藏》第 1 册）提到，龙有四种，一者卵生种龙，二者水生种龙，三者胎生种龙，四者化生种龙；而金翅鸟也有四种，不同的金翅鸟捕食不同的龙种。西晋月氏国三藏竺法护译《佛说海龙王经》（《大正藏》第 15 册）也提到："有四种金翅鸟，常食斯龙及龙妻子，恐怖海中诸龙种类。"南朝宋沙门宝云译《佛本行经》（《大正藏》第 4 册）描述释迦牟尼降魔成道时写道："魔王复放嫉嫌箭，名曰恶口化为龙；菩萨复放大悲箭，化为金鸟龙逃退。"显然将金翅鸟视为降龙的天敌。汉地著述比如《法苑珠林》等，都对迦楼罗的这一特征多有描述。

迦楼罗的形象，在东亚佛教里往往是鸟身人首，比如密宗典籍、中天竺国三藏善无畏奉诏译《千手观音造次第法仪轨》（《大正藏》第 20 册）描写迦楼罗："迦楼罗王，金色两羽具，左手贝，右手执宝螺笛。"日本京都三十三间堂的迦楼罗王立像，原件制作于镰仓时代（1185—1333 年），其形象就是吹笛状。这一形象，大概有东亚本地的创新。

图 45  京都三十三间堂的迦楼罗王立像

Acc. No. 3032

**Garuda**

Winged Garuda carrying a naga
6th - 7th Century A.D.

گروڈا گاہک اٹھائے ہوئے

Takht-ı-Bahi Exc. 1907 - 08

**图46** 迦楼罗搂持龙女，白沙瓦博物馆，出土于塔赫特巴希

　　犍陀罗艺术中的迦楼罗形象，或许能帮助我们理解中古时期汉文文献中记载的迦楼罗。犍陀罗艺术中的迦楼罗形象，大体可分为两类。一类是鸟首人身，展开的双翼，但还有双手；一类是鸟形，鸟首鸟身，巨大的双翼。犍陀罗浮雕中最常见的迦楼罗形象，是他搂持一个女性。有观点认为，这表现的是迦楼罗解救自己的母亲。不过这些浮雕作品基本出土于佛教寺院遗址，表现的应该是佛教的理念。比如20世纪初出土于塔赫特巴希佛教遗址的佛教浮雕，展现的就是带翼迦楼罗搂持女性的形象。这块时代属于六七世纪也就是隋代到唐初的浮雕，被标注为迦楼罗搂持龙女。类似的形象，还可以参看藏于维多利亚和阿尔伯特博物馆的犍陀罗浮雕。可见这一题材在犍陀罗地区广泛存在。

　　关于此类图像，从逻辑上说，应该属于佛教题材。除通常认

**图 47** 迦楼罗搂持龙女，维多利亚和阿尔伯特博物馆

为的迦楼罗捕抓龙种的解释外，也有学者认为这些图像描述的是佛本生故事。大都会博物馆所藏一件公元 2—3 世纪贵霜时期的片岩浮雕，可谓此类图像的代表作。博物馆将其标注为"迦楼罗消灭龙种"。在图景中，鸟首鸟形的迦楼罗羽翼之下，三个人物仰视着它，各具神态。

迦楼罗或者金翅鸟的形象，很早就传入中土。龟兹石窟壁画中，保存了不少金翅鸟的图像，多数情况下是与蛇一起出现，象征金翅鸟和那伽（龙）同为佛教护法天龙八部，又相互敌对的意涵。比如库车石窟四期 118 窟内，就有双蛇和双金翅鸟护卫两立佛的图像。开凿于 5 世纪末的云冈石窟，以及龙门石窟、四川广元皇泽寺石窟等很多地方，都发现了金翅鸟的形象，也可以印证有关金翅鸟的知识和信息已经在中土广为流传。

**图 48**《迦楼罗消灭龙种》，大都会博物馆。犍陀罗风格，出自巴基斯坦，2—3 世纪贵霜时期

南北朝时期，有战船被称为“金翅”，可能是取金翅鸟劈海取龙的意涵。比如隋军渡江，陈朝大臣任忠建议：“给臣精兵一万，金翅三百艘，下江径掩六合。”（《南史》卷六七《任忠传》）唐代诗人顾况诗中有“乃致金翅鸟，吞龙护洪渊”的表达，沈彬有诗句云：“金翅动身摩日月，银河转浪洗乾坤。须知手笔安排定，不怕山河整顿难。”都将金翅鸟视为整顿社会秩序的正面力量。玄宗宰相张说（667—730 年）作《杂曲歌辞·舞马千秋万岁乐府词》描述千秋节舞马云：“圣王至德与天齐，天马来仪自海西。腕足齐行拜两膝，繁骄不进蹈千蹄。更有衔杯终宴曲，垂头掉尾醉如泥。远听明君爱逸才，玉鞭金翅引龙媒。不因

兹白人间有，定是飞黄天上来。"这里的"金翅"和玉鞭一样，是警马之物。《唐诗贯珠》的作者认为取意金翅鸟取龙为食之意。既然迦楼罗能够降服龙种，那么作为龙种的天马也能降服。

朱粲自号"迦楼罗王"，到底是取何种意涵，我们回到南陈的例子或许就一目了然了。《南史》卷四四《齐武帝诸子·南郡王子夏传》记载："南郡王子夏，字云广，武帝第二十三子也。上春秋高，子夏最幼，宠爱过诸子。初，武帝梦金翅鸟下殿庭，搏食小龙无数，乃飞上天。及明帝初，其梦方验。永泰元年，子夏诛，年七岁。"（《南齐书》卷四〇《南郡王子夏传》记载略同）齐武帝萧赜（440—493 年）梦见迦楼罗下殿庭，搏食小龙无数。这样一个梦境，被《南史》和《南齐书》的作者们解释为后来齐明帝萧鸾屠杀萧道成子孙的预兆。根据《南齐书》卷六本纪第六记载，永泰元年（498 年），萧鸾即位，诛河东王铉、临贺王子

图 49　何家村出土舞马图银壶，器腹两面均锤出一马衔杯纹

123

岳、西阳王子文、衡阳王子峻、南康王子琳、永阳王子珉、湘东王子建、南郡王子夏、桂杨王昭粲、巴陵王昭秀等，几乎将南齐皇室子弟屠杀殆尽。

在齐武帝梦境里出现的迦楼罗，就是萧鸾的象征。有趣的是萧鸾的名字，也被有意无意地跟迦楼罗连在一起，鸾本就是大鸟。皇室子弟们被描述为被迦楼罗捕杀的小龙。如果我们回到朱粲的例子，他的"迦楼罗王"称号的政治意涵，恐怕也在于此：取迦楼罗取龙为食的特点，反映的是朱粲以迦楼罗王自居，诛灭龙种（皇权象征）的企图和"革命"精神。

似乎朱粲集团跟佛教颇有渊源，比如唐初高僧道宣记载："昔朱粲寇扰荆南，寺多焚毁，惟云所造龙泉独存。以贼中总管，

**图 50** 迦楼罗像，湖北省钟祥市明代梁庄王墓出土。湖北省博物馆馆藏

云曾授戒，所以尊师重法，寺获存焉。"(《续高僧传》卷九《隋荆州龙泉寺释罗云传》)

迦楼罗和龙之间的恩怨，广为人知，在文学作品中更是有精彩的呈现。明代有关迦楼罗的记载，见诸多部小说中。《西游记》狮驼岭三怪中威力最大的就是大鹏金翅鸟；《水浒传》梁山好汉中有"摩云金翅欧鹏"；《隋唐演义》里李元霸也被认为是大鹏金翅鸟转世。最有代表性的是《说岳全传》，援引佛教理念，在篇首框定了故事主线：岳飞是大鹏金翅鸟转世，金兀术是赤须龙转世，秦桧是铁背虬王转世。金翅鸟既以龙为食，自然是龙的天敌。以岳飞的金翅鸟对金兀术的赤须龙，已经标明了两者之间光明与黑暗的敌对关系。如果说宋代以后将大鹏金翅鸟和龙对立，取金翅鸟为正面意图。那么在唐代以及魏晋南北朝时期，金翅鸟似乎更多的是对原有统治者的摧毁力量，比如朱粲和萧鸾。

# 第十一讲 | 飞行皇帝会飞行吗？

君主的一个正式头衔、非正式称呼，或者一个通俗的描述性概念，其背后常常隐含着深厚的思想和信仰意涵。魏晋南北朝隋唐时期，对君主的描述性概念，除"天子""皇帝""天王""可汗"等大家耳熟能详的称呼外，还有一些现在看起来略显生僻和奇怪的叫法，比如"飞行皇帝"。

许理和（Eric Zürcher）教授在其名著《佛教征服中国》中讨论南朝宋宗炳（375—443 年）的《明佛论》时，提到这个概念："飞行皇帝是'cakravartirāja'的一种古体（archaic）翻译……通常这个概念被译作'转轮圣王'。"宗炳的《明佛论》原文为："得吾道者，上为皇，下为王，即亦随化升降，为飞行皇帝、转轮圣王之类也。"宗炳的《明佛论》反映的是公元 5 世纪初中土的佛教观念，其实"飞行皇帝"一词曾在数百年间非常流行，乃至影响到中古时代的政治修辞和艺术表现形式。

中古时期，佛教对理想的世俗君主的描述，主要集中在转轮王的有关理念上。转轮王和中国的传统君主概念"天子"有明显的区别。"天子"是接受天命统治人民，统治得好，会有祥瑞出现；统治有弊端，上天会降下灾异；统治得实在太糟糕，天命就会通过汤武革命或者禅让的方式转移——前者是暴力的方式，后者是名义上和平的方式。转轮王则不然，其统治人民的资格来自功德的累世积攒。他是理想的统治者，在他统治之下，人民和乐，财富丰饶（参《长阿含经·转轮圣王品》）。他是统一君主，不是割据政权的"小王"。在中古时代，他曾经有一个非常流行的称呼——"飞行皇帝"。

唐初的高僧道世对飞行皇帝的描述非常简练却点出了其主要特征："盖闻'飞行皇帝'统御四洲，边鄙逆命则七宝威伏，十善引化则千子感现。囊括遐迩，独处中原。"（《法苑珠林·轮王篇》）在道世的描述里，"飞行皇帝"居于世界中央，统治四大洲，七宝是他摧毁敌人的武器，十善是他教化百姓的律条。

从汉文佛教典籍来判断，转轮王最早的翻译应该是音译的"遮迦越罗"。公元 167 年，来自贵霜的三藏支娄迦谶（Lokakṣema）到达洛阳，开始自己的译经事业。检其现存的译经，他从未使用"飞行皇帝"来对译转轮王，而是将这个词全部都音译为"遮迦越罗"。比如在《道行般若经》卷四中，将"遮迦越罗"与"小王"相对，显然是强调遮迦越罗（即转轮王）作为统一君主的特点。在《佛说阿阇世王经》（《大正藏》第 15 册）、《佛说遗日摩尼宝经》（《大正藏》第 12 册）中，支娄迦谶都是照此翻译，一以贯之。在《佛说遗日摩尼宝经》中，他还明确描述了"遮迦越罗"的转轮王特征："七宝自然来生""遮迦越罗有千子，无有一子应遮迦越罗相也"等等（第 190 页）。

支娄迦谶之后，这一翻译常被使用。比如东汉昙果共康孟详译《中本起经》卷下描述转轮王云："遮迦越罗典领四域，飞行案行，七宝导从。"西晋沙门法立共法炬译《大楼炭经》卷三（《大正藏》第 1 册，第 290 页）云："譬如遮迦越罗王……王有七宝。何等为七宝？一者自然生一金轮、二者白象、三者绀色马、四者摩尼珠、五者圣玉女、六者圣辅臣、七者圣主兵臣。"

慧琳撰《一切经音义》卷九解释"遮迦越罗"云:"正言斫迦罗伐辣底遏逻阇(cakravartirāja),此译云转轮王也。"(《大正藏》第54册,第357页)

除了"遮迦越罗",音译中较为流行的还有"遮迦越"或"遮迦越王"。建安二年(197年),西域三藏竺大力和康孟详译《修行本起经》卷上,描述迎接转轮圣王的仪式,称"迎遮迦越王法"(《大正藏》第3册,第471页)。支谦译《佛说慧印三昧经》(《大正藏》第15册)、竺法护译《佛说阿阇贳王女阿术达菩萨经》(《大正藏》第17册)、西晋安法钦(281年到洛阳)译《佛说道神足无极变化经》(《大正藏》第17册)、西晋于阗无罗叉奉诏译《放光般若经》(《大正藏》第8册)、东晋迦留陀伽译《佛说十二游经》(《大正藏》第4册)都使用这样的译法。竺法护在《佛说阿阇贳王女阿术达菩萨经》中,提到了"飞行遮迦越"的叫法,已描述了遮迦越王"飞行"的能力和特征(第84—85页)。安法钦译《佛说道神足无极变化经》也用"飞行遮迦越"的译法,并且指出"其子有千人,七宝皆悉具"(第808页)。直到北凉昙无谶(Dharmakṣema,385—433年)译《佛说文陀竭王经》(《大正藏》第1册)时,仍将"转轮王"翻译为"遮迦越王",并且非常详尽地描述了遮迦越王的特征,比如拥有金轮、白象、绀色马、明月珠、玉女妇、圣辅臣、导道主兵臣七宝,"修正法""有千子""有四天下"等等。

梁沙门释僧祐所撰《释迦谱》卷一给出了一个说明:"遮迦越,齐言'飞行皇帝',即转轮王也。"(《大正藏》第50册,第3页)在同书另一处再次强调:"遮迦王(晋译'飞行皇帝')。"(第10页)按照僧祐的说法,"飞行皇帝"是中土按照本地习惯对"遮迦越罗""遮迦越""遮迦王"等词的意译。

其实早在东汉末期,"转轮飞行皇帝"的概念就出现了。比如东汉竺大力和康孟详译《修行本起经》卷上记载佛陀出生，相师占梦，预言佛陀"生子处家，当为转轮飞行皇帝；出家学道，当得作佛，度脱十方"。（《大正藏》第 3 册，第 463 页）但是同一译经中，也出现了"遮迦越王"的翻译，可见"转轮飞行皇帝"和"遮迦越王"的翻译是同时并存的，甚至在同一部译经中交替出现。吴支谦译《佛说太子瑞应本起经》卷上云："下生人间，作转轮圣王飞行皇帝，七宝自至。"（《大正藏》第 3 册，第 473 页）西晋法炬译《罗云忍辱经》："若欲愿为飞行皇帝典四天下。"吴支谦译《大明度经》卷三（《大正藏》第 8 册，第 490 页）："譬若欲见飞行皇帝，反见小王形容被服。"支谦译《梵摩渝经》（《大正藏》第 1 册，第 883 页）云："相有三十二，处国当为飞行皇帝，舍国为道行作沙门者，必得为佛。"吴康僧会译《六度集经》（《大正藏》第 3 册）、宋天竺三藏求那跋陀罗译《佛说大意经》（《大正藏》第 3 册）也译作"飞行皇帝"。西晋居士聂道真译《异出菩萨本起经》（《大正藏》第 3 册，第 618 页）云："为飞行皇帝，主四天下。"附西晋录的《佛灭度后棺敛葬送经》（《大正藏》第 12 册）记载了飞行皇帝送葬之仪。附秦录的《佛说天王太子辟罗经》（《大正藏》第 15 册，第 130—131 页）也云："下生世间，位为飞行皇帝。安所出入，七宝飞行，导从前后。"鸠摩罗什《大智度初品中放光释论之余》，也使用"飞行皇帝"的概念："譬如转轮圣王飞行，一切营从及诸象马众畜皆亦随去。"（《大正藏》第 25 册，第 123 页）

一直到唐代，"飞行皇帝"这一概念，仍非常流行。武周于阗国三藏实叉难陀奉制译《大方广佛华严经》卷八十云："或为粟散诸小王，或作飞行转轮帝。"（《大正藏》第 10 册，第 444 页）那么，为什么"遮迦越罗"或"遮迦越"等术语，又几乎在传入的同时翻译为"飞行皇帝"呢？这很可能跟诸经中反复提到的转轮王的特征有关。在众多的涉及转轮王的佛经中，反反复复地强调了七宝导引转轮王的场景。比如吴康僧会译《六度集经》卷八（第48页）中描述的那样："帝有七宝：紫金转轮、飞行白象、绀色神马、明月神珠、玉女圣妻、主宝圣臣、典兵圣臣。帝有千子，端正仁靖，明于往古，预知未然，有识之类，靡不敬慕。帝欲游观东西南北，意适存念，金轮处前，随意所之，七宝皆然，飞导圣王。"当转轮王想去哪里的时候，轮宝就会在前面导引，七宝也如此，飞导圣王。

这样的一个翻译，对中古时代的政治修辞也产生了一些影响。隋文帝取代北周建立隋朝，将佛教作为重要的宗教信仰和政治意识形态在统一的北方地区推广。开皇六年（586年），恒州刺史劝奖本州士庶万余人修造龙藏寺，为此树立的龙藏寺碑，其碑文内容既反映了地方上响应朝廷号召振兴佛法的情形，也体现了佛教术语对政治修辞的影响。碑文中描述了北周灭佛的惨状，以及隋文帝重振佛教所做的贡献："往者四魔毁圣，六师谤法……我大隋乘御金轮，冕旒玉藻，上应帝命，下顺民心。飞行而建鸿名，揖让而升大宝。"（《金石萃编》卷三八）龙藏寺碑中将隋文帝描述为佛教的理想君王转轮圣王，所以说他"乘御金轮""飞行而建鸿名"。这里的"飞行"，也就是"飞行皇帝"的飞行。佛教术语对政治修辞的影响，在这里显得生动而有趣。开皇五年的《宝泰寺碑》写得就更加直白，但也都是一个意思："大隋握图受命，出震君临，屏嚣尘而作轮王，救浊世而居天位。"（《全隋文补遗》卷二）又比如，武德年间，因为傅奕上书建议唐高祖灭佛，绵州振响寺高僧明槩奏《决破傅奕谤佛毁僧事八条（并表）》进行批驳。明槩在描述李唐朝廷的建立时说："方应驾七宝而飞行，导千轮而轻举。"（道宣撰《广弘明集》卷一二）很明显，明槩将唐高祖描述为驾七宝飞行的转轮王。这里的"千轮"指的是七宝之一的轮宝，因其有千条车辐所以又称"千轮"。

贞观年间，李百药奉旨撰写《大乘庄严经论序》。在文中他描述唐太宗之功业时说："圣上受飞行之宝命，总步骤于前王。……金轮所王，封疆之固惟远；芥城虽满，龟鼎之祚无穷。"（《全唐文》卷一四二）这里的"飞行之宝命"，显然也是佛教术语和传统政治语言的结合，是"飞行皇帝之宝命"的简称。可见当时文人士大夫对这类概念非常熟悉，可以融会贯通于书写之中。唐太宗自己也对这类术语很熟悉，在他还仅仅是秦王的时候，武德四年（621年），他写信给少林寺上座。信里面说："我国家膺图受箓，护持正谛，驭舄飞轮，光临大宝。"（《全唐文》卷一〇）这里的"飞轮"，显然也就是"飞行之金轮"，后两句翻译过来就是：驾驭着飞行的金轮，取得统治天下的资格。贞观年间的诏敕中，太宗也多次使用类似的表达。

非常有趣的是，关中地区出土的一件北魏皇兴五年（471年）弥勒造像，非常生动地诠释了上面讨论的内容。这件石刻造像1949年出土于陕西省兴平县，现藏于西安碑林博物馆。像通高86厘米，宽55厘米，正面是圆雕交脚弥勒，带有明显的犍陀罗风格。背面则纵分七栏，刻十五图，内容包括佛祖降生、九龙灌顶、树下思惟、乘象入胎、礼弥勒佛、蠰佉王（Sankha，未来的转轮王）与二大臣商议出家、弥勒往耆阇崛山等等。其中最大的一幅图出现在背部第三行的中间。刻的是四人向右侧飞动，其中一人形体较大，有头光、帔巾，三人较小，右侧两身头戴尖帽，为男子；左侧一身饰有高发髻，为女子形象。四人身下刻有奔马、奔象、飞轮及摩尼宝珠。显然，这正是对"飞行皇帝"的描述。那个个头儿最大的就是"飞行皇帝"——把领袖的形象刻画得比其他形象高大是人类常见的一种艺术传统。在图像中，七

**图 51** 西安碑林博物馆所
藏皇兴五年弥勒造像正面

**图 52** 皇兴五年弥勒造像的背面，正中部分是飞翔的"飞行皇帝"或者叫转轮王
的形象

宝导引飞行的场景正是对文献记载的场景的呈现。不过唯一有点"原创"的是,轮宝并没有飞在空中在最前面导引,而是位于图像的中下部,在地面上滚动——这或许是囿于制作者的想象力,认为轮应该是滚动的。

"飞行皇帝"的飞行,当然不存在于现实世界中。但相关的概念和理念,却体现在中古时代人们的想象里,展现了一幅很有趣的历史画面。

# 第十二讲 | 有关玄奘的讨论

澎湃新闻：玄奘出家前的家庭身世如何？

**孙英刚**：玄奘祖上都是当官的，他的祖父陈康做过北齐的国子博士，父亲也是早通经术，做过江陵县令。他的哥哥也是一位很有名的僧人，玄奘的出家跟他哥哥可能有点关系。在他成长的过程中，很多隋唐时代的重要人物都扮演着重要角色。他的出家，就受到隋代有名的大臣郑善果的激赏。

现在有一种误区，认为僧人都是出身底层，没饭吃才去出家，其实中古时代很多僧人的教育背景和社会地位都很好，绝非泛泛之辈，玄奘当然也是如此。又比如他有一名弟子窥基法师，就是唐朝名将尉迟敬德的侄子。应该如何看待以玄奘为代表的这批高僧？除和尚的身份之外，他们还都是知识分子，有的还是大知识分子。玄奘是大翻译家，对义理也有很多贡献，还有跟他同时代的道宣，学问也是好得不得了。道宣是律学大师，同时又是历史学家，写有《续高僧传》《集神州三宝感通录》《广弘明集》等等。所以，我首先想强调，这些僧人本身就是社会知识精英中的一部分，今天要讨论那个时代的知识和思想世界，不能把他们排除在外。其次，当时的佛教还没有形成严格的宗派壁垒。玄奘早年曾到处游学，去过四川、相州（今河南安阳）、长安、洛阳等地，跟很多高僧都学习过，博采众长、转益多师，当时有名的僧人比如法常、道岳等，都曾指导过他的学习。不论地论、摄论，都能广泛学习。玄奘生活的时代，学术氛围是自由、包容的，所以才能产生那么一大批高僧。

澎湃新闻：他决定西行的真实动机是什么，为何会成为一名"偷渡客"？

**孙英刚：**首先玄奘肯定不是像《西游记》里讲的那样，是被唐太宗派出去的。他实际上提出过出去的请求，但并没有得到回复，所以最后被迫"偷渡"出去。

关于玄奘西行的动机，除了受到前贤如法显事迹的感召，主要是随着其佛学造诣的提高，感觉很多学说有分歧。当时，随着佛教在中土传播，由于对原始佛典的理解不同而出现不同的学说，这可视为对佛教原教旨主义的背离，标志着中国佛教具备了在印度和中亚之外独立发展的能力，是佛教中国化的表现。对于玄奘等僧人来说，都希望去印度找到最初的原典，来化解翻译或解释带来的差异问题。

那么有个契机就是武德九年（626年），有一位来自印度的僧人波颇到达长安，组织译场，许多中国僧人都参加他的译场，玄奘从他那里听说在印度的那烂陀寺有位戒贤法师讲授《瑜伽论》，总摄三乘之说，因此就产生了去印度的想法。玄奘结侣上书朝廷，要求西行，但是被拒绝了。似乎唐太宗根本不知道有这回事儿，所以等玄奘回来之后，太宗还谈起他怎么没有经过允许就出去等等。

澎湃新闻：玄奘的取经路线应该就是丝绸之路吧？

**孙英刚：**对，他走的就是已经成熟的丝绸之路。我们今天看地图他绕得很远，先绕到中亚，再从中亚经西北印度进入印度腹地。可能有人会问，中国和印度不就挨着嘛，他怎么绕这么远？但这条路就是当时成熟的交通路线，商旅、使节、高僧走的都是这条路。横穿青藏高原在当时还不是一条常规路线，一般人不会去走。

商人跑来跑去是为了求利赚钱，像张骞这种使节也是应募出使，为了建功立业，而像玄奘、法显这些人就是纯粹为了信仰，这是玄奘的伟大之处。

*澎湃新闻：抵达印度后，玄奘的主要活动有哪些？*

**孙英刚**：这些就只能根据他在《大唐西域记》中的记载来说了，其中有些我们相信，有些也不信。比如玄奘记载了一段与印度戒日王的对话，他说当时《秦王破阵乐》已经传到印度，戒日王还问起过他相关内容，但我觉得这不太可信，因为《秦王破阵乐》是歌颂唐太宗的，怎么那么快就传到印度？而且玄奘还说因为这首乐曲，印度的君主对秦王（"秦"是李世民登基前的封号）也很仰慕，所以这些话就很让人怀疑是不是他编出来为了讨好李世民的。

不过应该说，玄奘是中国历史上最成功的一位留学生。他在印度那烂陀寺跟随戒贤法师学习5年，成为"十大德"之一。玄奘的声望达到顶峰是戒日王在首都曲女城为他举行无遮大会，据说没有人能够"诘难"他，但这些都是玄奘自己讲的。

无遮大会后，玄奘就决定回国，当然有很多人要挽留他，就像现在留学生回国时一样。不过当时劝他的理由是，印度是"佛土"（佛陀出生的地方），回去则是边缘地区，但玄奘最后还是坚持回去了。

澎湃新闻：归国之后，迎接玄奘的是怎样一种政局？

**孙英刚：**玄奘在唐代历史风云中的角色其实和政治有很大的牵连。他回国的时候，唐朝刚刚经历了一次政治动荡，就是太子李承乾被废，这件事本来与玄奘没有直接关系，但这是他回来之后面临的政治局面，我推测是对其有利的。因为李承乾身边原来有一帮关系密切的僧人，包括玄奘曾经的老师法常等人，所以李承乾倒台之后，在长安比较活跃的普光寺僧团就瓦解掉了，逐渐退出历史舞台的中心，这是一个非常大的转折。

唐太宗除晚期之外，他对佛教并没有那么强烈的信仰，我们知道他也支持道教，对宗教更多是利用的态度。比如，太宗知道玄奘从国外回来知道很多信息、有知识，就希望他还俗当官。另外玄奘的语言能力不是很强吗，就如荣新江老师强调过的一点，太宗就想让他把《道德经》翻译成梵语，然后倒流回印度，这就像我们今天输出孔子学院一样要输出本土文化。

由此可见，太宗作为君主，操纵宗教的能力是很强的，包括他让玄奘写《大唐西域记》，现在很多老师都讲，《大唐西域记》实际上就是一个重大国家项目，因为太宗当时已经有进军中亚的野心，那么情报收集就很重要，所以我们看《大唐西域记》里的内容，那些中亚国家的兵、民、牲畜数量都记载得很详细，很像一份调查报告。唐朝对外战争，往往带有主动性，而且都是提前若干年收集情报。在对高句丽的战争中，也是如此。因此，玄奘回来之后，就不由自主地卷入到政治中去。

同时，玄奘又是一个非常聪明的人，很会变通，比如他在翻译经书的时候就自己发议论说我们这个时代根本没有"转轮王"，但他在给太宗写信、给高宗上表时，就一直称他们为"转轮王"，所以他对君主的态度比较圆融。太宗晚年跟玄奘的关系很密切，有很多接触的机会。同时，玄奘跟长孙无忌、于志宁这些大臣的关系也很密切。

澎湃新闻：在"佛土"印度成名回来后，玄奘自身的身份意识发生了变化。

**孙英刚**：这个问题其实在中土僧人身上都有，不过在玄奘身上体现得比较鲜明。佛教毕竟不是中国本土产生的宗教，到了唐代，尽管中国事实上已经成为佛教传播的中心，但玄奘仍然感觉很矛盾。一方面，他作为佛教徒，到印度后就感叹他怎么没有生在"佛土"，应该是感到自卑的。另一方面，他又是"中土"之人，有点"民族主义"。

这里举一个例子，玄奘回国之后，有一位僧人法长要回印度去，玄奘就托他带信给印度的一些朋友，这个信后来就保存在《大慈恩寺三藏法师传》里，大致就是讲"我们唐朝皇帝治国有方，而且推崇佛教，现在的佛教水平不比你们那里差"，从信中的口吻来看，是有点"文化自信"的意思。当然这种变化也有一些军事、外交背景，因为王玄策借吐蕃的兵，在印度打了一仗，很成功，还押了很多俘虏到长安去，所以一下子就给中国人很多自信。

澎湃新闻：如今提起玄奘晚年最大的学术成就，可能就是他组织译场、翻译佛经。

**孙英刚**：玄奘在学术上还是有不少敌人的，因为他有"原教旨主义"的一面。陈寅恪说过一句话很经典，我以前经常引用，就是"窃疑中国自今日以后，即使能忠实输入北美或东欧之思想，其结局当亦等于玄奘唯识之学，在吾国思想史上既不能居最高之地位，且亦终归于歇绝者"。陈寅恪是拿玄奘的例子做比喻，说玄奘的唯识学之所以不能在中国思想史上占据主导地位，是因为它太强调外来的东西。一种思想要想在中国被接纳，需要一方面输入外来之学说，一方面不忘民族本来之地位，我认为这句话也可以用来评价玄奘的翻译。总之，玄奘有双重的身份认同：第一是作为佛教徒，第二是作为中土之人。这双重身份是纠结在一起的。

玄奘在翻译上属于"直译"，他不认同此前鸠摩罗什的"意译"，如果用"信达雅"的标准，鸠摩罗什是"雅"，翻译的句子中国人更容易理解。而玄奘则比较原教旨主义，比如梵语 bodhisattva 这个词，以前都翻译为"菩萨"，但他认为应该直接音译为"菩提萨埵"。玄奘一大部分工作是要把以前翻译过的经典进行重译。但是可能很多人就不认同，比如高宗就告诉玄奘，让他先把没翻译的翻译了，然后再重译已经翻译过的。

另外关于玄奘的传记，如果我们读玄奘弟子写的《大慈恩寺三藏法师传》，再对比同时代道宣《续高僧传·玄奘传》，就会发现有很大区别，虽然《续高僧传·玄奘传》中的部分内容应该是后人添加的，但是它能从侧面反映出玄奘当时受到的一些打压。熊十力原先也写过《唐世佛学旧派反对玄奘之暗潮》，指出玄奘所面临的一些挑战，比如他认为玄奘不善于顺应俗情，不许讲"旧经"，以至于引来"旧学"的诬毁，等等。

《续高僧传·玄奘传》那一卷只写了两位僧人的传记，另一位是印度的僧人那提，他带了很多梵文原典到中国来翻译。根据道宣的记载，玄奘在其中扮演了很不光彩的角色，包括掠夺那提的经典、阻碍翻译等等。当然关于这个事情，从熊十力到季羡林先生，他们都讨论过是否可信，但我想不管是否为真，道宣这么写，至少反映出存在着对玄奘的不满。

道宣在当时也是一位佛教领袖，声望不在玄奘之下，他也参加过玄奘的译场，但很快就走了，他可能觉得不投机，对玄奘的翻译并不买账。而且在《续高僧传·玄奘传》中，道宣也没有怎么提玄奘翻译的事情，等到玄奘弟子为老师立传的时候，才增加了大量关于翻译的内容。

澎湃新闻：如今关于玄奘西游求法、翻译佛典等事迹都广为人知，而他的晚年活动却少有人提及，根据学者研究，他的晚年处境其实相当艰难？

**孙英刚**：由于玄奘身不由己地卷入了当时的党争，而且和于志宁这些辅政大臣关系密切，所以很可能被归为旧臣一派，玄奘晚年的时候，高宗就不是很待见他。这些，都可以去读刘淑芬教授的一篇长文《玄奘的最后十年》，讲得很清楚，发掘了很多信息。尤其玄奘去世之后，还被莫名其妙地迁葬，把尸体挖出来从白鹿原迁到少陵原，我们现在也说不清楚原因。玄奘的葬礼也很简单，大臣都没参加，很不符合他的地位。还有玄奘弟子写的《大慈恩寺三藏法师传》，慧立写完之后埋进地下，过了很久，才从地下挖出来，由彦悰增补而成。种种迹象都表明，玄奘晚年受到政治上的压制。

玄奘是对政治非常敏感的一个人物。从太宗、高宗、武则天到中宗，很多代皇帝都跟他有着比较密切的关联。乃至他死后，中宗还在使用他留下来的政治遗产。等到玄奘去世之后，他在政治上还有影响，比如他的再传弟子德感、慧沼在武则天崛起的过程中，就扮演了非常重要的角色。但对政治参与过深，是双刃剑。玄奘本人被伤到，德感也在历史长河中被湮没。德感在武则天的政治宣传中起过很大作用，在世的时候，风光无限，是国师一级的人物，但是在武则天去世后，他的身影在文献中就几乎被抹去了。我感觉玄奘一系僧人的政治性都比较强。

还有个例子，武则天当初怀唐中宗李显的时候难产，就请玄奘来护持，玄奘借这个机会就向高宗和武则天说，如果将来要生男婴就让他出家做"法王"，于是中宗出生之后，高宗就给他赐号叫"佛光王"。所以等到中宗上台之后，他本来就信仰佛教，于是玄奘就变成可资利用的遗产，到 8 世纪初，玄奘去世半个世纪后，中宗还会到大慈恩寺去追念，提拔玄奘一系的僧人，强调自己和玄奘的关系，等等。玄奘跟政治的关系密切之后，一方面可以因为君主的扶持得到荣光，但另一方面也可能跟随政治起伏而遭遇困境。

# 第十三讲 | 武则天是宣扬自己弥勒下生吗?

　　武则天作为中国历史上唯一的女皇帝,其在历史长河中激起的绚丽浪花,不仅仅是因为她的性别,或许更多的,是她使用佛教作为宗教和政治意识形态。佛教在亚洲大陆的兴起与传播,不唯是信仰与宗教的输出输入,也是意识形态的融合与激荡。佛教的传播,不但置中古时代人的心灵世界于佛光的照耀之下,而且重塑王权内涵,改造政治话语,革新政治礼仪,在本土天命天子之说外,宣扬佛教对理想世俗君主的观念,这是不可忽视的中国中古时代政治世界与信仰世界的重要情节。

　　然而一直以来,关于佛教王权观,囿于旧说,许多根本性问题并未得到深究。比如武则天与佛教,一般沿袭的说法,是武则天宣扬自己是弥勒下生,统治世人。但是,真相真的如此吗? 武则天真的宣扬自己就是弥勒本身吗?

　　武则天是弥勒下生这一说法,最主要的证据是《旧唐书》的记载,比如《旧唐书·薛怀义传》云:"怀义与法明等造《大云经(疏)》,陈符命,言则天是弥勒下生,作阎浮提主,唐氏合微。故则天革命称周,怀义与法明等九人并封县公,赐物有差,皆赐紫袈裟、银龟袋。其伪《大云经》颁于天下,寺各藏一本,令升高座讲说。"

《旧唐书》等官方史书，作为史料最重要的一个缺陷，可能就是几乎摒弃了佛教在历史舞台上的痕迹。虽然唐代是佛教昌盛的时代，但是读《旧唐书》等史料，是完全读不出这个意思的。除极个别的无法回避的高僧和形象遭到扭曲的政治和尚之外，不论是社会生活，还是政治起伏，佛教在其中的角色都不是记载的重点。

从佛教基本教义来说，君主宣称自己就是弥勒，也不能不说是一个奇怪的事情。精通佛教史的前辈学者中，唐长孺、矢吹庆辉、盖索（R. Guisso）、富安敦（A. Forte）等都对武则天自称弥勒佛一事颇犯踌躇，甚至心存怀疑。最基本的一个考虑，就是佛教对于理想的世俗君主的描述，主要是转轮王。而且转轮王和弥勒（佛）的关系，是对应的关系。转轮王是佛陀在世俗世界的对应者。佛陀是精神世界的最高统治者，转轮王是世俗世界的最高统治者。根据汉译佛典，转轮王的葬礼和佛陀的葬礼是一样的，都可以分舍利建塔；转轮王也如佛陀一样，拥有三十二相。在中国中古时代，佛教王权观的基本理念，也是政教分离的，并非将宗教偶像和世俗君主合而为一。

关于佛教的世俗君主观念，最生动的一个例子，就是贵霜时代的迦腻色迦的金币。迦腻色迦在汉译佛典里被描述为转轮王，关于这一点毫无疑问。迦腻色迦王作为佛教君主的意涵，体现在他铸造的钱币上。金币的一面为君主形象，一般被认为是迦腻色迦本人；金币的另一面则是佛陀，铭文"BODDO"（Buddha，佛）。从某种意义上说，这枚钱币的造型结构已经阐明了迦腻色迦王时代的佛教王权观——君主是佛在世俗世界的对应者。

"一佛一转轮王"是佛教流传很广的一种观念。这种观念传入中国，在魏晋南北朝至隋唐时代，也是占据主导地位的佛教君主理论。从佛教文献、石刻史料等记载也可证明，有关转轮王的知识，在唐代是非常普及的，上自高僧大臣，下至乡村百姓，都了解转轮王的基本含义。

那么就令人非常费解，为什么武则天会宣扬自己是弥勒本身呢？那转轮王是谁呢？当然也就有学者比附古正美、康乐等人给出一种解释，认为原先转轮王观念中，"一佛一转轮王"的模式在传入中国之后，由于传统政治思想与大乘佛教的影响，逐渐转变成"转轮王即佛"的模式。武则天是最善于利用佛教资源，并将"转轮王即佛"的观念具体落实的第一个君主。这种解释看似很完美地解决了武则天宣称自己是弥勒的理论困境，但是我们始终怀疑，这种"转轮王即佛"的观念，到底是唐朝人自己的，还是学者后期构建出来的。在没有确切证据的情况下，技艺高超、思想敏锐的学者，很容易构建出"令人信服"的历史图景。但是我们始终要追究其构建历史图景的那块最基本的拼图。在这里，这块最基本的拼图就是：怎么证明唐代存在着"转轮王即佛"的普遍观念？

笔者阅读史料的感觉与此恰好相反。富安敦也明确指出，武则天自称弥勒是违反佛教理念的，不可能骗得过对佛教深有研究的高僧和大臣。但是他给出一个权宜的解释，指出政治宣传有双重性，《宝雨经》等理论严密的给高层看，似是而非的说法给大众看。这种解释姑存一说，我们先看一块公元 10 世纪斯坦因从敦煌藏经洞带走的佛教旗幡。编号 Stein.Ch.00114 的旗幡目前藏在大英图书馆。这幅旗幡画由两部分组成，上部是转轮王的七宝，下部是佛陀的出生。看似毫不相干，实际上却是一个整体，描述的是后汉西域三藏竺大力和康孟详译《修行本起经》的内容，正体现了佛教"一佛一转轮王"的政治思想。幡画的七宝之中，表示典兵臣宝的是一个举幡的将军，幡上写着"左一将"，或许因为中国排位中尚左，"左一将"表示最高的将军，也就是典兵臣宝。典兵臣宝手持盾牌，上面装饰着大块的色彩，与没有

**图 53** 出自敦煌藏经洞的转轮王旗幡

装饰的绢幡画的风格很相似。

从这个旗幡的构图我们可以判断，转轮王作为佛在世俗世界的对应者的观念，直到 10 世纪的敦煌仍然盛行。可以说，认为武则天自称弥勒佛下生的解释，并不能成立，或者最起码的，不能完全成立。试想一下，一个中国君主宣扬自己就是佛，这本身就是一个令臣民惊诧的事情，很难解释。

实际上，武则天宣扬的是——或者保守地说，主要宣扬的是——自己是转轮王。我们回到武周政权最重要的政治符号，来看看武则天到底想把自己打扮成什么。最重要的政治符号，应该包括：第一，君主的头衔；第二，象征君主权威的礼器；第三，最重要的政治宣传文件；第四，政治仪式；第五，建筑空间。因篇幅有限，仅讨论前三者，应该就足以证明笔者所论，最保守地说，武则天也不主要是宣扬自己是弥勒下生，而是把自己打扮成为佛教的理想君主转轮王。这是唐代信仰、知识世界与政治世界关联性的重要层面，但是却被湮没在历史长河中了。

第一，武则天的头衔。武则天在长寿二年（693 年）秋七月，加尊号"金轮圣神皇帝"。对于武则天给自己加上这么一个奇怪的头衔"金轮"，欧阳修等在编撰《新唐书》时，似乎认为这与阴阳五行有关，唐土德，而"武氏革命，自以为金德王"（《新唐书·五行志》）。实际上，"金轮"就是转轮王的七宝之一，而且是最为重要的一宝，既是转轮王摧毁敌人的利器，又是标志转轮王身份的礼器。所谓君生人者，在乎宝位，守宝位者，在乎灵符，用中土政治观念来度量，金轮如中土天子的九鼎、印玺一样，是其统治神圣性的标志。九鼎与天命相连，七宝与转轮王的身份相连，代表着不同的政治传统。长寿元年（692 年）秋，武则天已经称"圣神皇帝"，这次等于是在原来的尊号之上又增加了"金轮"这一符号。应该指出的是，此后虽然武则天多次变动尊号，但是始终都没有去掉"金轮"字样，也就是说，从长寿二年（693年）到久视元年（700年），武则天头顶"金轮"统治天下长达7年之久，武则天个人的一部文集，也取名为《金轮集》。在民间，这一头衔影响可能更加持久，虽然武则天在700年去掉了"金轮"尊号，一直到703年，民间依然称其为"金轮圣神皇帝"（比如清河出土的长安三年的造像记）。

如果说，转轮王的标志"金轮"在武则天头上存在了7年之久的话，经常被学者们作为武则天是弥勒下生证据反复提到的"慈氏"（即弥勒，Maitreya）头衔，存在了多久呢？天册万岁元年（695年）正月辛巳，武则天加号"慈氏越古金轮圣神皇帝"，到了二月甲子，就罢"慈氏越古"号，只保留"金轮圣神皇帝"头衔。也就是说，从正月辛巳到二月甲子，一共只存在了33天！富安敦指出，把"慈氏"和"金轮"都加到自己头上，是个理论错误，怎么可能说服人们尤其是高僧们接受呢？所以武则天很可能也意识到了这一点，很快就把"慈氏"去掉了。也有学者解释，这里的"慈氏"可能就是取一个普通"慈母"的意思，以象征武则天的慈母形象；也有年轻的学者提出新的说法，认为"慈氏"其实是"金轮"的修饰语，也即：武则天的转轮王，是弥勒下生理想里的转轮王。不论如何解释，一个基本的史实是："金轮"存在的时间，远远比"慈氏"存在武则天头上的时间长得多。我们由此推断，武则天政治宣传的主要方向，是把自己打扮成迎接弥勒下生的转轮王，而不是弥勒本身。

第二，武则天的转轮王礼器。武则天在加尊号"金轮圣神皇帝"后，制造七宝。长寿二年（693年）秋九月，"乙未，太后御万象神宫，受尊号，赦天下。作金轮等七宝，每朝会，陈之殿庭"（《资治通鉴》卷二〇五"则天顺圣皇后长寿二年九月"条）。关于七宝，《新唐书·高宗则天武皇后传》列出了清单：

太后又自加号金轮圣神皇帝，置七宝于廷：曰金轮宝，曰白象宝（Hasti），曰女宝（Stri），曰马宝（Asva），曰珠宝（Mani），曰主兵臣宝（Parinayaka），曰主藏臣宝（Grhapati），率大朝会则陈之。

转轮王的观念从大乘佛教兴起之初就已经出现了。从后汉月氏三藏支娄迦谶译《佛说伅真陀罗所问宝如来三昧经》卷三的记载看，转轮王思想在贵霜时代就已经流行。贵霜王丘就却和迦腻色迦都被描述为转轮王。转轮王是佛教对世俗理想君主的称呼，是佛在世俗世界的对应者，所以他也具备佛才有的三十二相等标志。与佛教王权观相关的七宝，是佛教理想君主的身份标志——拥有七宝证明其转轮王的身份和权威。正如玄奘译《大般若波罗蜜多经》中说的那样，"若无七宝不名轮王，要具七宝乃名轮王"。转轮王汉语翻译的定型，要晚于七宝。转轮王常见的翻译有遮迦越罗王、遮迦越王、转轮圣王、飞行皇帝等，尤其是前三者属音译，在早期的翻译中较多出现。比如西晋三藏法炬译《佛说顶生王故事经》描述顶生王云："真法之王，治化人民，无有卒暴。七宝具足。所谓七宝者，轮宝、象宝、绀马宝、珠宝、玉女宝、居士宝、典兵宝，是谓七宝。"北凉三藏昙无谶译《佛说文陀竭王经》提到其"后作遮迦越王"，并且列出了七宝的名目。总结起来说，不管转轮王翻译为汉语的名称如何，七宝作为其身份标志和权威象征的观念，很早就出现了。到了北朝隋唐，这已经成为一种普遍观念和一般常识。

下页图浮雕中，转轮王被七宝环绕的形象，是否让我们想起武则天在明堂设置的七宝呢？如果七宝是标志浮雕中君主的转轮王身份的话，武则天每次大朝会摆出来的七宝，不就是象征她的转轮王身份吗？

第三，《宝雨经》的佐证。长寿二年（693年），在武则天的支持下，达摩流支（武则天改其名为菩提流志，Bodhiruci）等译成《佛说宝雨经》（以下简称《宝雨经》）十卷。《宝雨经》的译出并非偶然，它是武后革唐为周的政治运动中的重要一环。然而过去学界比较关注武则天利用《大云经疏》进行政治宣传，而对《宝雨经》的意义揭示不够。主要的原因在于《旧唐书》明确提到了武则天利用《大云经疏》："有沙门十人伪撰《大云经》，表上之，盛言神皇受命之事。制颁于天下，令诸州各置大云寺，总度僧千人。"而两唐书对《宝雨经》都未提及。

《宝雨经》虽然往往被归为疑伪经，但实际上菩提流志等掺入的部分比例不大，主要集中于卷一。掺入最为明显的部分，也就是卷一中关于武则天以女身在南赡部洲东北方摩诃支那国为自在主的部分：

天子！以是缘故，我涅槃后，最后时分，第四五百年

**图54** 出土于加加雅培达（Jaggayapeta），收藏于印度马德拉斯政府博物馆的转轮王浮雕

中，法欲灭时，汝于此赡部洲东北方摩诃支那国，位居阿鞞跋致，实是菩萨，故现女身，为自在主。经于多岁，正法治化，养育众生，犹如赤子，令修十善；能于我法广大住持，建立塔寺；又以衣服、饮食、卧具、汤药供养沙门；于一切时常修梵行，名曰月净光天子。然一切女人身有五障。何等为五？一者，不得作转轮圣王；二者，帝释；三者，大梵天王；四者，阿鞞跋致菩萨；五者，如来。天子！然汝于五位之中当得二位，所谓阿鞞跋致及轮王位。

对比前代的《宝云经》和《大乘宝云经》，可知这部分内容全部是菩提流志等人掺入的。其中一个主要内容是讲武则天以女身为帝。菩提流志等人甚至捏造了新说法，化解了佛教传统理论中的女人"五碍说"——也就是女身不能作转轮圣王、帝释、梵王、魔王和佛。《宝雨经》把魔王换成了阿鞞跋致菩萨。阿鞞跋致菩萨汉译为"不退转"，是菩萨阶位之名。经一大阿僧祇劫之修行，才能得到此位。菩提流志等人借佛典之名指出，虽然女人身有五障，但是武则天可以得到转轮王和阿鞞跋致菩萨两种位阶，只是不能为佛、帝释和大梵天王。《宝雨经》在卷首已经明确说明了，武则天侧重宣传的是自己的转轮王角色，而非弥勒。甚至《宝雨经》直接说了，武则天只能做转轮王和阿鞞跋致菩萨。那么，在武则天大力宣扬的弥勒下生运动中，她自己到底是什么角色呢？很可能的，她最主要的是转轮王，而转轮王和弥勒是存在紧密关系的，这一点在汉译弥勒诸经中说得很清楚：转轮王为弥勒下生做供养的准备。

中古时代是一个弥漫着宗教色彩的神文时代，然而世俗文献经过不断的选择性书写，严重扭曲了历史画面。回到信仰、知识世界的最基本逻辑，是回到宗教文献本身，或许可以为中古研究开拓出一点新的天地。这也正符合文史研究新视野的旨趣。

# 第十四讲 | 唐代的十一面观音信仰和护国思想

这个故事从一个湮没在历史记忆中的、名叫德感的高僧谈起。

武周政权与佛教之关系极其密切，这一点已广为学界熟知，然而许多重要的历史情节仍扑朔迷离，并未穷尽。历史记忆往往经过后世文本的不断重构，加上近代以来学者的反复申说，形成了许多固定的逻辑和表述。就武周政权与佛教僧团之关系而言，以薛怀义、惠范为代表的"邪恶"政治和尚，和以菩提流志、实叉难陀为代表的外国翻经僧等成为众所瞩目的研究对象。然而，历史的吊诡之处在于，如果我们抛开这些"常识"，深究某些细节，可能会发现不一样的图景。德感，这位被历史记忆"遗忘"的高僧，从武周政权酝酿和肇造阶段，就扮演着重要的角色。他跟薛怀义一样，是洛阳内道场的大德之一；他的名字出现在《大云经疏》和菩提流志新译《宝雨经》的译场列位中；他长期担任洛阳佛授记寺的寺主，并且在武则天重返长安后被调回长安担任清禅寺主，主管京国僧尼事务；他在武周政权晚期，代表武则天赴五台山巡礼；他主持修建武周政权晚期最为重要的宗教纪念碑性建筑光宅寺七宝台，并且敬造十一面观音像为武周政权祈福。他是武周时期宗教政治事务的重要运营者。

长安二年（702年），武周政权的宗教与政治宣传令人惊奇地和五台山紧密联系在一起。新译八十卷《华严经》是武周后期的一件大事。对武则天来说，《华严经》所描绘的雄伟瑰丽的华藏世界与大周的兴旺景象十分相像。她亲临译场，首题品名。《华严经》地位的提高相应地抬高了文殊菩萨的地位，使文殊信仰的流传更为广泛。作为文殊菩萨道场的五台山，也因此得到极大的推崇。长安二年五月，武则天派遣德感法师前往五台山巡礼，于七月二十日，登上五台山顶，发现了很多祥瑞和异象，比如"五色云"（即"景云"或"庆云"，唐代为大瑞）、白狐、白鹿、大僧、佛手相、文殊菩萨现身等等。根据唐朝和武周有关祥瑞汇报的程序，德感等人也把这些祥瑞绘制成图书，带回长安，上呈给武则天。

德感这次的五台山之行，尤其是他带回来的种种瑞应和灵验，大为武则天赞赏。在五台山巡礼之后，德感被调回长安，继续担任清禅寺主，主管京城佛教事务；此时，武则天正在长安。德感的职位也对应其在神都洛阳时担任的佛授记寺寺主。次年，他在长安主持了武周晚期重要的纪念碑性的建筑七宝台的修建。

德感从五台山回来之后，武则天很快就命他承担起建造长安光宅寺七宝台的重任。光宅寺位于大明宫之南，太极宫之东，横街之北，是最接近皇宫城的佛寺。仪凤二年（677年），"望气者言此坊有兴气。敕令掘，得石函，函内有佛舍利骨万余粒，遂立光宅寺，武太后始置七宝台"。分舍利建塔，是佛教转轮王的一项重要政治惯例。有关光宅寺发现舍利的情节，还被纳入到了为武则天歌功颂德的《大云经疏》中。《大云经疏》引《广武铭》"光宅四天下，八表一时至"，并将其解释为："言光宅者，明神皇临驭天下，能光泽万国也。四天下者，谓四海之内也。八表，谓八纮也。一时至者,谓万国俱承圣化,尽来庭之意也。"稍后又解释为:"即明神皇先发弘愿,造八百四万舍利宝塔,以光宅坊中所得舍利分布于四天下,此则显八表一时,下舍利之应,斯乃不假人力所建,并是八表神功共成,此即显护持正法,大得舍利之验也。"所谓"今神皇临驭天下,频得舍利,前开祥于光宅,今表应于载初"。

在巴利文佛典《长部》(*Dīgha Nikāya*)和其他梵文佛典中,转轮王作为佛教理想君主的观念,和弥勒下生紧密联系在一起。根据这些佛教典籍的记载,当转轮王再次统治阎浮提 8.4 万座城镇时,作为救世主的弥勒菩萨将降临人世间,如释迦牟尼一样,宣扬正法,拯救世人。在汉译佛典中,转轮王与弥勒下生的救世主观念也是紧密联系在一起的。而且,转轮王的角色不论在文献,还是在政治事件中,都充当了弥勒下生先行者的角色——转轮王的出现,为弥勒下生准备条件,这一点在弥勒诸经中描述得非常清楚,也是武则天称转轮王的思想背景。比如后秦龟兹国三藏鸠摩罗什译《佛说弥勒下生成佛经》描述道:

> 其国尔时有转轮王名曰蠰佉,有四种兵,不以威武治四天下。其王千子,勇健多力,能破怨敌。王有七宝:金轮宝、象宝、马宝、珠宝、女宝、主藏宝、主兵宝,又其国土有七宝台,举高千丈,千头千轮,广六十丈。

同为鸠摩罗什所译的《佛说弥勒大成佛经》对蠰佉王的七宝进行了详细的描述:

> 王有七宝:一金轮宝,千辐毂辋,皆悉具足;二白象宝,白如雪山,七肢拄地,严显可观,犹如山王;三绀马

宝，朱鬣髦尾，足下生华，七宝蹄甲；四神珠宝，明显可观，长于二肘，光明雨宝，适众生愿；五玉女宝，颜色美妙，柔软无骨；六主藏臣，口中吐宝，足下雨宝，两手出宝；七主兵臣，宜动身时，四兵如云，从空而出。……时王千子各取珍宝，于正殿前作七宝台。有三十重，高十三由旬，千头千轮，游行自在。……时蠰佉王共诸大臣、国土人民，持七宝台。有千宝帐及千宝轩，千亿宝铃、千亿宝幡、宝器千口、宝瓷千口，奉上弥勒。

值得注意的是，弥勒诸经多提到"七宝台"，并且给出了七宝和七宝台之间的关系——蠰佉拥有七宝作为自己转轮王的身份标志，为了迎接弥勒下生，他建造七宝台作为供养。

光宅寺因为具有重要的政治色彩，因此受到了武则天的格外重视，进一步在这里建造了七宝台，寺院名称也改为七宝台寺。寺内七宝台的 32 件石雕像流传下来，多数流落至日本细川家，其余或在西安市南门明朝建砖塔内安置，或被西安碑林博物馆收藏，或流至美国。

在洛阳，武则天的明堂在遭遇大火之后，设置在明堂的七宝也应该遭到了焚毁。为了化解政治压力，支持武则天的大臣引用弥勒下生信仰中有关七宝台的记载，指出"当弥勒初成佛道时，有天魔烧宫，七宝台须臾散坏"，企图将遭大火焚毁的明堂理解成弥勒成佛时散坏的七宝台。也就是说，武则天的明堂，被看作是转轮王修建的七宝台一样的礼仪性建筑。而且，"七宝台"这样的概念也频繁地出现在武周时期的政治宣传和造像记中。前引武三思《大周封祀坛碑》有"玉册延祚，金轮驭极。……千花耸塔，七宝□宫"的颂词。又王璇《毚阿弥陀像铭并序》写道："大周抚历，岁在癸卯，皇帝以至圣之明，宏正直之道。稽一乘之贝牒，崇七宝之花台，尧曦将佛日齐悬，阛阓与招提相拒。"

从大足元年（701 年）十月到长安三年（703 年）十月的两年间，武则天在长安大明宫处理朝政。七宝台正是这两年修建的，可以说是武周王朝晚期代表性的纪念碑性建筑。从文献推测该宝台为高耸的阁楼性建筑，中间有浮雕石佛龛像砌筑的奉献石塔。而主持修建七宝台的，正是德感。七宝台寺的地位在武周晚期非常重要，甚至对长安之外也有影响，比如开元十五年（727 年）时，安西大云寺寺主秀行原就是长安七宝台寺的僧人，荣新江推测："他可能是和大云寺在西域的建立诏令一起，被武则天或武周政权派至安西地区的。"

顺便说一下，清禅寺在长安兴宁坊南门之东，兴宁坊在长安城东北角，紧邻通化门。从地理位置上看，兴宁坊跟光宅坊都位于长安的东北部，界于两宫（大明宫、太极宫）之间，方便和宫廷往来，接受武则天的指示。而且两坊相距很近，不过两千多米，由清禅寺主德感来检校造七宝台，也有地理之便。不过，最关键的是，在武则天返回长安这两年中，清禅寺实际上扮演着最重要的官方佛教中心的角色，其对应的就是洛阳的佛授记寺，有一些功能比如翻经，就是从佛授记寺搬迁过来的。所以德感从洛阳佛授记寺调任长安清禅寺也是顺理成章的事情，也符合他的宗教领袖地位。

七宝台造像留下题记的不少——但肯定是原有造像题记中的一小部分——其中尤其引人注目的是姚崇。七宝台中一件弥勒三尊像由姚崇所造，题记云："长安三年九月十五日，银青光禄大夫行凤阁侍郎兼检校相王府长史姚元之造。"其弟姚元景也在其中造一件弥勒三尊像，题记云："朝散大夫行司农寺丞姚元景……爰于光宅寺法堂石柱造像一铺，……长安四年九月十八日书。"除此之外，尚有其他官员造像。可以想见，若七宝台的所有造像、题记都保存的话，应该可以揭示出更加丰富的内容。有趣的是，姚崇虽然比弟弟官职高得多，也重要得多，他所造的弥勒佛三尊像比姚元景小了很多，一个高 67.9 厘米，一个高达 104.5 厘米。

姚崇跟佛教的关系非常复杂，从武周后期到玄宗开元初期，他似乎是抑制佛教最有力的提倡者。比如开元二年（714 年），在他的要求下，"有司精加铨择，天下僧尼伪滥还俗者三万人"。但他同时似乎对佛教有深刻的理解，比如他认为"佛不在外，近求于心"。不过若简单地把姚崇造弥勒三尊像归结为个人原因的话，又太过简单，恐怕并非事实。七宝台是武周时期国家层面僧俗共同造像的代表，是献给武周王朝和武则天的纪念碑。在这么重要的一座带有强烈政治色彩的佛教纪念碑性建筑中造像，若不考虑政治因素是不全面的。其实，杨效俊已经敏锐地指出，武则天以七宝台的营造为契机，再次将支撑武周王朝的两大集团结合起来。创建期的供养人是以德感为代表的僧团和以姚崇为代表的官僚集团，他们都（被要求）通过造像和刻铭表达对武周的忠诚。

作为佛教僧团领袖的德感，其造像幸运地保存了下来。而作为相王集团代表的姚崇，造像也幸运地保存了下来——尽管个头儿稍小——但是姚崇还是造像了，而且造的是弥勒佛三尊像。武周晚期，面临着皇位传承问题，佛教僧团、以武三思为首（武承嗣已经去世）的武家势力、以相王为旗帜的亲李唐势力，共同构成了暂时的脆弱的平衡。因为中宗长期流放在外，其实在中央形成的是一个盘根错节、实力强大的相王集团。也正是这个政治集团成为最后的胜利者，最终让皇位转入睿宗一系，左右了今后政治的走势。关于相王集团与唐前期政局，笔者将有长文论述，此处不赘。我们甚至可以想见，既然姚崇都有题记，那么其他政治集团的首领人物都应该有题记，既包括亲武家的，也包括亲李家的。大家一起盟誓，护佑武周政权，期待武则天永远健康。

相王的宅邸，就在光宅寺对面。710年，已经做了皇帝的相王将此处住宅改造为安国寺。正如杨效俊推断，从光宅寺、安国寺和大明宫的近邻关系可看出武周至睿宗时期长安地区佛教与政治的密切结合。开元二十三年（735年）为了纪念玄宗注释《金刚经》完毕，长安众僧请求立般若台，荣新江推测其在安国寺境内。由此可见，盛唐时期安国寺内的般若台与武周时期光宅寺内的七宝台在地理上形成某种对称关系，成为两座引人注目的国家佛教代表建筑。

七宝台至今已经无迹可寻，跟其有关的石刻流散中国、日本和美国。值得注意的是，在这些石刻中，竟然有七件是十一面观音立像。这七件十一面观音立像，有三件原为日本细川家收藏，一件由日本原家收藏，一件由美国波士顿美术馆收藏，两件由美国费利尔美术馆收藏。七宝台总共有多少件十一面观音像，是否是十一件，还是依照相关佛经记载其功能有八而有八件，不得而知。其中只有一件带有题记，这件带有题记的十一面观音像，原为细川家收藏，现藏日本东京国立博物馆，高85.1厘米、宽33.9厘米，长方形石灰岩正面开内凹的尖拱形龛，龛内十一面观音像头部分三层表现十面，其中下层五面，中层四面，顶层一面已残。留下题记的，不是别人，正是本文讨论的高僧德感，其文曰：

检校造七宝台、清禅寺主、昌平县开圙（国）公、翻经僧德感奉为圙（国）敬造十一面观音像一区，伏愿皇基永固，圣寿暇长。长安三季（年）九月十□（日）。

题记的头衔，再次佐证了德感在武周后期佛教事务中的领袖地

**图 55** 德感敬造十一面观音像，东京国立博物馆

位，他不但是此时长安官方佛教中心清禅寺的寺主，而且肩负着为武则天修建七宝台的重任。而这座十一面观音像，则是他个人的某种诉求。他的两大弘愿"皇基永固"和"圣寿暇长"，正是此时波谲云诡的政治局势的反映。"皇基永固"是希望以十一面观音像的护国功能保佑武周政权根基坚固；"圣寿暇长"则是希望已经步入老年多病的武则天能够长寿平安。一年多后武周政权即将颠覆，而处在历史变局之前的德感，不知是否有历史的先见，感到与自己个人命运紧密相连的这个政权在风雨飘摇之中。

7 世纪中后期，密宗信仰已经兴起，并且因为君主的大力支持，得到快速的发展。宝思惟（阿你真那）译场从武则天长寿二年（693 年）起先后在佛授记寺、天宫寺、福先寺等寺院翻译大批带有密宗色彩的佛典，包括《观世音菩萨如意摩尼陀罗尼经》《文殊师利根本一字陀罗尼经》等，而德感作为佛授记寺寺主担任笔受，相信他对相关理念并不陌生。但恐怕这并不是他能够秉持信仰敬造十一面观音像的主要原因，而是与他自身的师承学脉有关系。

《十一面观音经》一共四译，最早是北周保定四年（564 年）耶舍崛多译《佛说十一面观世神咒经》。唐高宗永徽四年（653 年）阿地瞿多译《十一面观世音神咒经》（《陀罗尼集经》卷四）。这两部经都叙述十一面观音的像容及作坛法，但后者的坛法更为完备，并介绍二十八种咒。显庆元年（656 年）玄奘在大慈恩寺再译《十一面神咒心经》，这是耶舍崛多本的再译。此后到了天宝年间，密宗大师不空（705—774 年）译《十一面观自在菩萨心密言念诵仪轨经》。《念诵仪轨经》达三卷，上卷与玄奘译本同，中卷是纯密修行仪轨，下卷说护摩法。在不空译本之前，文本流传以玄奘译本为主，这一点可以从十一面观音像首度大量出现在 7 世纪末到 8 世纪初得到佐证。而且在敦煌文书中，玄奘所译《十一面神咒心经》存在多种抄卷，包括 S.3007、S.3185V、S.3432、P.2952、P.7353 等。

自 7 世纪中叶起，随着密教的兴起与流行，密教观音，或称变化观音，愈来愈流行。在各种变化观音中，最早流行的就是十一面观音。尤其是在武则天时期，单尊十一面观音像大量地出现，西域、敦煌、东西两京都能见到。从文献记载看，这显然与其护国的形象和理念有关。在高宗及武周时期，大量密教经典开始翻译，有关信仰也得到迅速的传播，进而影响到社会思潮、艺术造像、政治宣传。日本正仓院所藏垂拱二年（686 年）武则天写经题记云："垂拱二年十二月四日，大唐皇太后奉为高宗大帝，敬造绣十一面观音菩萨一千铺，愿文一首；奉为先王、先妃造十一面观音菩萨，愿文一首；奉为（下缺）。"武则天时期，龙门石窟、广元石窟、天龙山石窟、西安宝庆寺等石刻造像都有十一面观音形象的刻画。武周晚期，十一面观音信仰似乎已经非常流行。比如长安四年（704 年），唐梓州慧义寺清虚念诵十一面观音咒驱邪："有一佛室甚宽敞，人无敢到者，云鬼神居宅焉，……（清虚）即念十一面观音咒。……还持本经一契，帖然相次，影响皆绝，自此居者无患。"活跃于武周和中宗时期的胡僧僧伽，也因为化现十一面观音的形象而受到君主礼敬。

道宣《集古今佛道论衡》卷丁记载，龙朔元年（661 年）长安西华观道士郭行真皈依佛教，同时制作了五件金铜佛像和两件十一面观音像。而目前已知现存最早的十一面观音像，是武周天授二年（691 年）孝门上护军杜山威等所造单尊十一面观世音像。这件将近等身高的石像，清光绪时在洛阳出土。根据铭文，造此像的目的是："上为圣神皇帝，道化无穷，鸿基永保。下为七代父母，法界苍生及一切含灵。乘是福力，等逢善友，发菩提心，一时共成佛。"铭文并未强调十一面观音的密法神力，而且从造型上看，头顶本面上方有两层菩萨面，上六下三，九面都是一个表情，与本面并无不同。这一点跟玄奘等译《十一面观音经》内容不太符合。有关十一面的解释，玄奘的再传弟子慧沼在《十一面神咒心经义疏》中云：

> 十一面者，前三面慈相见善众生，而生慈心大慈与乐；左三面瞋面见恶众生，而生悲心大悲救苦；右三面白牙上出面见净业者，发希有赞劝进佛道；最后一面暴大笑面见善恶杂秽众生，而生怪笑改恶向道；顶上佛面或对习行大乘机者，而说诸法究竟佛道，故现佛面。

这十一面各有用处，尤其是左三面瞋面，是用来摧伏怨敌的利器。

十一面观音和护国思想紧密相连，在武周时期，这一带有强烈密教色彩的信仰和理念，不仅停留在理论的层次，甚至被用以解决面临的政治军事危机。神功元年（697 年），为讨伐契丹，武则天诏高僧法藏（643—712 年）依经教请法，建十一面观音道场，摧伏怨敌：

> 神功元年，契丹拒命，出师讨之。特诏（法）藏依经教遏寇虐，乃奏曰："若令摧伏怨敌，请约左道诸法。"诏从之。法师盥浴更衣，建立十一面道场，置观音像行道。始数日，羯虏睹王师无数神王之众，或瞩观音之像浮空而至。犬羊之群相次逗挠，月捷以闻。天后优诏劳之曰："蓟城之外，兵士闻天鼓之声；良乡县中，贼众睹观音之像。醴酒流甘于陈塞，仙驾引纛于军前，此神兵之扫除，盖慈力之加被。"

图 56 法隆寺所藏十一面观音像　　　　图 57 法隆寺所藏十一面观音像左三面瞋面局部

因为这次军事上的胜利，十一面观音强大的护持威力给武周君臣留下了深刻的印象，武则天为此甚至改年号为神功。

　　法藏所依据的经教，多半是玄奘所译《十一面神咒心经》。正如本文稍后所论，玄奘译本经过其再传弟子慧沼《十一面神咒心经义疏》的推动，在武周时期已经居于主导地位。作为法藏同仁的德感，其身份却是慧沼的同学，两人都就学于窥基大师。历史事件的起因有时候非常复杂，不过若推测德感敬造十一面观音像部分地受到其师承学脉的影响，大致不会太错。玄奘译《十一面神咒心经》有关摧伏怨敌的仪轨描述，和崔志远记法藏以十一面观音道场摧伏契丹情节相合，而且提供了更细致的信息：

　　　　复次，若他方怨贼欲来侵境，应取燕脂一颗，诵此咒，

162

咒之一百八遍，庄点此像。左边瞋面正向彼方，令怨贼军不
得前进。

依据玄奘所译，应该将十一面观音像的左边瞋面对准敌人的方
向，用燕脂涂之，念诵此咒一百八遍。早于玄奘的耶舍崛多译
《佛说十一面观世音神咒经》则给出了稍微不同的仪轨：

> 若有他方怨贼欲来侵境，以此观世音像面正向之，种种
> 香华而为供养。取烟脂大如大豆，诵咒一千八遍，涂像左厢
> 瞋面，令彼怨敌不能前进。

依据耶舍崛多所译，并非是以左边瞋面对准敌人的方向，而是用
观音像面正向之；玄奘强调是念诵咒语一百八遍，而耶舍崛多译
为念诵一千八遍。不过，考虑到玄奘弟子及再传弟子德感、慧沼
等人在武周时期政治、宗教界的地位，以及玄奘译《十一面神咒
心经》的流行，法藏采用玄奘理念的可能性更大。

德感所造十一面观音像位于武周晚期具有高度政治、宗教敏
感性的七宝台中，其理念也如法藏利用十一面观音道场护国、驱
敌。有学者认为十一面观音像护持转轮王，去除他方敌兵，消除
国难的护国法力，深受帝王的重视，所以光宅寺七宝台现存的七
尊十一面观音像应位于门口或者边界，中央为象征群佛和转轮王
的一组佛像，十一面观音组成了群像的守卫。这种推测基于十一
面观音护国驱魔的理念，有一定道理，而且也在敦煌莫高窟造像
中得到印证，莫高窟初唐十一面观音形象均绘于主室东壁门侧，
反映了其护持的作用。

玄奘的再传弟子慧沼的《十一面神咒心经义疏》，是有关
十一面观音信仰的重要著作，他同时还是这一时期佛教界的重要

僧人，如薛怀义一样，担任过武周时期白马寺的寺主。慧沼于龙朔二年（662年）出家，跟随慈恩大师窥基学习，"自奘三藏到京，恒窥壶奥。后亲大乘基师，更加精博"。李邕《唐故白马寺主翻译惠沼神塔碑并序》记载，慧沼师事窥基、普光二师，受学唯识、因明等，被推为门下第一。700年在两京担任义净、菩提流志译场的义证工作。著有《法华玄赞义诀》、《金光明最胜王经疏》（10卷，收入《大正藏》第39册）、《唯识论了义灯》（13卷）等。值得指出的是，慧沼的《十一面神咒心经义疏》，是对其师祖玄奘《十一面神咒心经》的注疏解释，而《金光明最胜王经疏》是配合义净新译本而同期撰写的注疏，两者的共同之处，都是强调佛法和王权之间的关系。《金光明最胜王经疏》的核心理念，是讲述佛法和转轮王之间彼此护持的关系。直到8世纪前期，佛教高僧们的一个重要的关怀，不仅仅在于现实世界之外，而且期望用佛法作为一种意识形态工具将自己的信仰推到社会的各个角落去。慧沼《十一面神咒心经义疏》讲述十一面观音的法力有八：一满一切愿；二月食还生，即利用月食行法去病；三明恶梦，除重大疾病；四祛除他方怨敌，令怨敌不进；五消除国灾；六能除长病；七消除结怨；八总除障受善报。慧沼的解释具体地将修持十一面观音的功德与转轮王思想以及国家的利益联结在一起，这似乎代表着当时主流佛教僧团对于十一面观音信仰的看法。

我们不厌其烦地讲述了慧沼有关佛教护国的理念，这跟德感有关系吗？当然，很明显，他们是同时代人，而且有直接的合作，比如德感参与了义净译场，而慧沼同期给义净的译经作疏。但是他们还有更加密切的关系——他们都是窥基的弟子，也就是玄奘的再传弟子。这一学脉明显影响了他们的知识和信仰背景，并且影响到他们在宗教、政治舞台的角色。

# 第十五讲 | 作为政治思想家的空海

空海（774—835 年）恐怕是日本佛教史上最重要的僧人了。他在日本文化中被奉若神明，至今在日本流传着关于他的数千个神话故事，比如福冈的凤尾鱼，是他撒树叶变成的；伊豆修善寺的温泉，是他举杖击地从地下涌出的；甚至他将舀水勺插在地上，变成了高野山的一棵杉树。日本人甚至认为空海没有死，至今仍在高野山等处修行，会在释迦牟尼涅槃和弥勒下生之间再次回到世间，拯救世人——这等于赋予其类似弥勒的地位。在日本，恐怕只有圣德太子（574—622 年）有类似的待遇了。空海是奈良朝到平安朝重要的书法家、文学家，在各个领域都似乎是穿越式的存在。为了宣传真言密教，空海甚至编写了《文镜秘府论》，帮助日本学习者掌握汉语书面语。

在东亚史的语境里，空海最为人熟知的形象，一个是将密教传入日本，根本性地重构了日本的信仰世界，被称为弘法大师；另一个是作为到大唐寻找无上密的留学僧，被视为中日文化交流的使者。平安时代，空海以高野山为中心，弘扬了新的佛教。相较于死后世界，密教更重视人还活着的现世，强调"即身成佛"的理念。空海采用了巧妙的传法手段，使密教在日本广为流传，使密教成为日本文化传统密不可分的组成部分。从佛教在亚洲的兴起传播的演进脉络来看，密宗在唐朝的兴起以及传入日本，是非常重要的事件。唐代中后期，密宗的传播在中土遭到某种程度的中断，随着禅宗的兴起并占据主导地位，中国的佛教呈现出跟日本并不相同的历史画面。

中国史的研究者，多注意空海在中国留学的情况，似乎他上船回国之后，就跟我们无关了。其实从逻辑上说，那么多的入唐僧，空海之所以这么重要，原因并不是他到中国留学，而在于他回国之后的作为深刻影响了日本乃至东亚的历史走向。假设空海回国途中船沉没了，大概他也不会被反反复复地提及了。从这个角度说，研究空海回国后的"创业"，对理解当时的中国文明也是必不可缺的。而空海的"创业"，除传法之外，还在于他重塑了日本王权的内涵——甚至可以说，空海在日本历史上是一个携带新的意识形态武器归来的政治思想家。

奈良时期，佛教已经逐渐在国家政治生活中扮演重要的角色。之前从大陆传入日本的南都六宗（华严、法相、三论、俱舍、成实、律宗）承担着镇护国家的责任。但是随着这些佛教势力干涉政治，跟王权发生矛盾，784年（甲子年），桓武天皇（737—806年）借"甲子革政"这一纬学思想发动迁都运动，将首都从奈良迁至长冈京，数年后再迁往平安京（京都），此后平安京作为日本首都延续千年。桓武天皇是天智天皇的曾孙，而奈良时代的天皇几乎都出自天武天皇（天智天皇的胞弟）一系，桓武天皇用沾满血腥的双手给自己夺得了天皇的地位，因此他的即位被视为具有强烈的"改朝换代"色彩。他迁都平安京的主要目的，乃是与过于强势的旧佛教势力和天武系势力决裂，重建新的王朝。

桓武天皇晚年派出的遣唐使空海和最澄（767—822年），如其所愿，带回了新的佛教。以奈良为根据地的南都六宗，受到迅速崛起的天台宗和真言宗的挑战，最澄所传播的天台宗，被称为"总括释迦一代之教"，大有统摄六宗之势；空海创立的真言宗，被视为镇守国家的法宝。桓武天皇钟情天台和真言，乃是为了实现政教合一的理想，创建天皇中心的集权国家。日本天台宗甚至奉圣德天子为中国天台远祖慧思的转世，将天台法脉系于中国天台和日本皇室。"真言"和"天台"这样的名目要到14世纪才出现，但在平安早期的佛教界中，已经存在显著的宗派分野。

延历二十三年（804年），受桓武天皇派遣，空海随遣唐使入唐留学。但是仅仅两年之后，空海就迫不及待带着学习成果返回日本。空海带回来的，是当时盛行于唐朝的密宗。唐玄宗开元年间（713—741年），善无畏（637—735年）、金刚智（671—741年）、不空（705—774年）等密宗巨匠将密教传入大唐。长安佛教在8世纪后期被密教所主导。帝国在叛乱中风雨飘摇，密宗的护国思想被格外强调。安史之乱后，宦官和禁军势力得到发展，而他们都是支持密教的重要力量。于是密教在唐朝盛行一时，并且在不空的时代，牢牢占据了宫廷宗教的地位，成为君主论证自己统治合法性和神圣性的重要意识形态工具。玄宗、肃

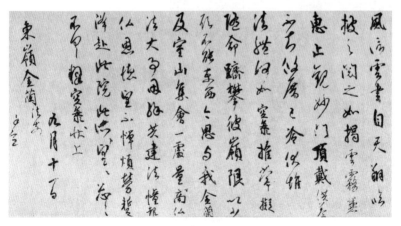

**图 58** 空海写给最澄的信——《风信帖》，京都东寺藏

宗、代宗都在宫廷举行灌顶仪式，依照密教教法给自己加上佛教君主的头衔。金刚智和不空传来的是南印度的金刚顶经系密教，而善无畏则强调《大日经》一部七卷为真言密教的根本经典——善无畏的弟子一行（就是那位著名的天文学家僧一行）执笔写成了《大日经疏》。

不空的弟子、青龙寺的惠果（746—805 年）继承了不空的教法和地位，历代、德、顺宗三代，被尊称为"三朝国师"。但是惠果也学习善无畏《大日经》系密教，是当时大唐密教的集大成者。空海在长安留学期间跟惠果学习，并以惠果的正统传人自居。空海从大唐回到日本，也就被视为密教正统从大陆到了日本。按照真言宗的法脉，空海是继承第 7 代祖师惠果的第 8 代祖师。在空海眼中，一切万物，皆是大日如来的显现。这一观念，最终为重塑日本国家认同和王权内涵提供了理论基础。

**图 59** 惠果画像，14 世纪，东京国立博物馆

佛教在亚洲大陆的兴起与传播，不唯是宗教信仰的传入与传出，也是政治意识形态的冲突与融合。佛教对世俗君权有自己的一套观念和看法，其传入东亚之后，为世俗统治者提供了将自己的统治神圣性和合法化的新理论，在历史上留下了深刻的痕迹。比如在中国魏晋南北朝隋唐时期，君主们将自己描述为佛教的理想君主转轮王已经成为一种政治惯例，典型的比如隋文帝、武则天、唐肃宗等。武则天登基称帝，就"置七宝于廷"（《新唐书·高宗则天武皇后传》）。七宝就是转轮王的身份标志。

一切正当的权力（不管其结构为何）多少都混合有神权政治的要素。空海能够得到天皇和贵族的支持，并不仅仅是书法，最主要的是密教在政治和宗教上的吸引力。公元6世纪，开始强调天皇作为"天神之御子"的地位。这段时间成书的《古事记》《日本书纪》都表现出这种倾向。从大陆传来的儒家学说，给日本带来了"天子"的理念。基于天命学说、五德终始理论的"天子"概念，根据西岛定生的观点，实为西汉中期儒者推动形成的。在此之前，比如秦始皇，其皇帝号意味着皇帝就是人间的上帝，所以在咸阳修建有"极庙"，象征天极，而皇帝作为上帝，居此极庙。但是西汉中期以后，皇帝不再是神，而是以天子的身份作为人间最高的统治者。这一理念传到日本，也被用来解释天皇的神圣性。而空海基于真言教法，试图用佛教的转轮王理念，取代儒家天子理念；进而用佛教取代儒家成为日本的主导的意识形态。这样一来，日本的天皇除了是天照大神的子孙，是儒家的天子，还是佛教的转轮王。空海在死之前获得了空前的胜利，密教的思想和仪式深刻融入了天皇的内涵之中，一直到20世纪影响仍存。

9世纪的日本思想和信仰世界，是混合着本土宗教、儒家学说、道教、阴阳五行等各种文化元素的混合体。在这样的思想氛围里，瘟疫、饥荒、地震等天灾被认为是天谴而非自然现象。作为君主的天皇，和佛教神祇联系在一起，强调他对国家的保护角色，是非常重要的。平安时代（794—1185 年）见证了神佛习合的历史进程。日本的神和佛教的神融合起来，形成新的神祇系统。日本的神道并不是一成不变的信仰体系，中世的神道，是作为佛教教化方式的一种存在。日本的神，被视为彼岸的佛的"本土垂迹"。这些神佛连接着现世和佛土，成为人们诉求的对象。

密教进入东亚，除改变了信仰世界之外，也带来了一些非常有效的政治工具，成为中国和日本君主巩固统治的装置。密教的主尊大日如来（日语读音为"Dainichi Nyorai"）与佛教的理想君主转轮圣王（日语读音"tenrin jōō"）连接在一起。运用密教的图像符号、仪式、咒语等将君主装扮为转轮圣王。不过值得注意的是，唐朝和日本一样，这些做法似乎都不是一个向大众公开展示的事情，而是认真地在宫廷内部进行的仪式。

灌顶（日语读音"kanjō"）最初就是给君主授予神圣性和合法性的仪式。在密教中，这一仪式的主要内涵，是帮助受灌顶者进入神圣领域——这种神圣的精神领域在仪式中用曼荼罗（Mandala）来象征。曼荼罗呈现出层级结构，包括不同神祇和符号，在结构上很像宫殿。在唐代中国和日本的平安时代，曼荼罗作为宗教性、政治性、文化性的"礼器"，是常常使用，也被大众所认知的。曼荼罗是空海创建的密教僧团最核心的礼仪和信仰装置。在奈良的东大寺和平安京（京都）的真言院，都能看到曼荼罗。空海弟子们主持的、跟皇室和藤原家关系密切的神护寺、安详寺、贞观寺，也同样建造有曼荼罗。在政治宣传中，曼荼罗主要服务于呈现受灌顶者跟大日如来的统一关系，论证其转轮圣王的地位。

公元 835 年年初，空海第一次在朝廷为天皇举行密宗仪式，

**图60** 空海像，东京国立博物馆

将其称为轮王。这些仪式，结合空海的其他论说，可以看出他一
生都在努力建立一套政治、社会理论和秩序，通过佛教改造日本
的王权和社会，甚至取代儒家文明在日本的地位（当然只是空海
的理想）。经过改造后的天皇角色是三位一体的：儒家的天子、天
照大神的子孙、佛教转轮王。空海的密教强在仪式，通过一套系
统严密的仪式，建立起严密的法脉，也给君主神圣性提供了体系
化的装置。空海并没有跟南都佛教决裂，他建立的一套新的话语
系统和解释系统，是在旧的体系里进行了一次成功的补充和调整。

空海之后，灌顶仪式成为天皇即位必备的仪式——其意涵实
质上是给君主授予转轮王身份。比如公元856年，文德皇帝接受

灌顶。11 世纪末以后，在朝廷法会或者天皇个人法会上，都将天皇称为"转轮圣王""金轮圣王"。这种为君主灌顶的做法，其实在唐朝皇帝中已经非常普遍，比如唐肃宗在安史之乱中，请密教高僧不空为自己灌顶，登上转轮王位："肃宗亦密遣使者求秘密法。泊收京反正之日，事如所料。乾元中，帝请人内建道场护摩法，为帝受转轮王位，七宝灌顶。"（《宋高僧传·不空传》）甚至一直到明治维新提倡"神佛分离"之后，大正天皇继位仍然举行了密教的灌顶仪式，继续演绎佛教镇护国家、天皇为转轮王的戏码。

受到皇权加持的空海，将真言密教发扬光大。弘仁七年（816 年），空海在高野山创建金刚峰寺；十四年，嵯峨天皇赐予东寺，与金刚峰寺同为日本真言宗根本道场。空海死后形成小野、广泽两大法脉。其中广泽流派的传承中多有皇族成员，比如宇多天皇（867—931 年）。由于宇多天皇的出家，延喜二十一年（921 年），空海被追赠"弘法大师"的称号，真言宗被抬高到国家宗教的地位。

密教影响到日本历史上的院政。有的天皇通过加入僧团成为"法皇"，提高自己的宗教地位和权威，进而为继位者提供政治合法性。在这种情况下，"金轮圣王"往往指的是在位的天皇，而太上法皇则作为佛法代表出现。

将天皇通过密教教法和转轮圣王连在一起，不但为王权提供了新的理论工具，而且更新了日本的民族和国家认同。密教万神殿的主尊是大日如来，在神佛习合的运动中，它被置于核心的位置，最终将其和天照大神等同起来。成尊（1012—1074 年）在《真言付法纂要抄》（《大正新修大藏经》第 77 册）中说了下面一段有名的话：

又昔威光菩萨（摩利支天即大日化身也）常居日宫，除阿修罗王难，今遍照金刚（空海），镇住日域，增金轮圣王福，神号天照尊，刹名大日本国乎。自然之理，立自然名，诚职此之由矣。

在这里，成尊将天照大神和密教的大日如来等同起来。日本天皇是佛教转轮王，日本即是佛土。其大意就是如同威光菩萨破除阿修罗王之难，空海居日本护持着金轮圣王——天皇。在这种语境里，通过密教的解释，日本成为大日如来的本乡，成为所有日本佛教徒认可的佛国。到了镰仓时代，这种混合了佛教和神道思想的观念已经成为常识，被广泛接受。

日本密教金轮圣王图像，非常生动地展示了上述宗教政治思想。这些图像曾广泛存在于密教寺院中，比如奈良博物馆藏平安时期的《一字金轮曼荼罗图》（依照不空所译《金刚顶经一字顶轮王瑜伽一切时处念诵成佛仪轨》进行描绘）、奈良博物馆藏12世纪《大佛顶曼荼罗图》（唐摹本）、遍照光院藏镰仓时代的《一字金轮曼荼罗图》——主尊大日金轮头顶光焰，周身环绕转轮王七宝。在这些金轮圣王像的构图中，转轮王似乎从佛陀的世俗对应者，转变为主尊的地位。甚至在密宗传统中，转轮王的七宝也被重新解释为密教的符号，比如马宝被对应为密教的马头观音（Hayagrīva）。

从王权内涵的改造，到日本国家认同的重新塑造，空海传入日本的密教，带来了新的宗教、政治思想、符号、仪式，深刻影响了后来日本历史的走向。反过来，这些信息对帮助我们理解中国文明本身具有启发意义。

**图 61** 绢本着色《一字金轮曼荼罗图》，奈良博物馆

# 第十六讲 | 关于汉和堂所藏西域画《三藏法师像》

得陆宗润先生提供方便，笔者 2014 年在大阪汉和堂见到一幅题款为泽村专太郎（1884—1930 年）转手给永观文库的《三藏法师像》，这一西域画（装画的桐木盒云"五代，西域画"）内容非常丰富，画面的主角为汉人高僧形象，身着交领儒衫，右手持拂尘，左手持壶，身背竹笈，有圆形的伞盖，左上方云气环绕有小型佛像出现，旁边则有一只白虎相伴。虽与敦煌藏经洞所出多幅《伴虎行脚僧图》相类似，却又有显著不同。在图的下半部分，占据显著空间的是两个天王形象的神祇，右侧的持佛塔，左侧的一手执伞幢，一手持类似宝鼠的动物。这幅西域画内容极为丰富，很多元素之前未见，笔者这里尝试阐述这幅画在佛教研究和美术史上的意义。

## 一　泽村专太郎将来《三藏法师像》

画由桐木盒所装。桐木盒正面作"泽村专太郎将来"。泽村专太郎是日本近代著名的东洋美术史研究学者，京都帝国大学文学部教授。他曾于 1917 年 10 月至次年 4 月，调查阿旃陀石窟寺院壁画，主要的著作包括《日本绘画史研究》《东洋美术史研究》

**图 62** 汉和堂所
藏《三藏法师像》

等。值得一提的是，泽村与近代中国学界联系极为密切，这也或是其有缘将此《三藏法师像》将来的因缘所在。近代国学研究阵营中，有一批欧美和日本的汉学家。北大国学门先后聘请俄国的钢和泰、伊凤阁为导师，又聘请了若干通信员，其中有法国的伯希和、德国的卫礼贤、丹麦的吴克德，日本方面则有今西龙、泽村专太郎、田边尚雄。1923 年，作为京都大学教授的泽村和国学院大学教授田边尚雄来华，在北京大学等处讲演，前者所讲为东洋美术的精神，后者讲中国古代音乐世界的价值。但在此之前，泽村专太郎就与周作人等中国学者有往来，1922 年 5 月 26 日，周作人治酒宴请泽村专太郎等，同席八人，包括丸山昏迷、徐耀辰、张凤举、沈士远、马幼渔、鲁迅。

泽村专太郎既研究东洋美术，也就对中国古代雕刻与绘画有高度的兴趣。他曾到过大同，专程去云冈石窟做美术研究，还在云冈石窟拍摄了一些佛像照片留作研究之用。水野清一、长

**图 63** 泽村专太郎大正八年（1919年）3 月毕业写真，御茶之水大学图书馆藏

Ochanomizu University Library

广敏雄编辑云冈石窟的调查报告，就多次用到泽村拍摄的照片，比如第十八图"坐佛像与左胁侍"（第 2 洞东壁第 1 龛）、第 25 图"佛三尊上身"（第 4 洞方柱南面西群）。鲁迅与之多有交往，在鲁迅日记中泽村专太郎出现了 6 次之多。比如 1923 年 15 月 23 日，"往德古斋为泽村君买《孝堂山画像》一分，泉三元五角"；同年 8 月 23 日，"以《呐喊》各一册分赠……张凤举……泽村"；同年 12 月 4 日，"上午得张凤举信并泽村教授所赠摄自大同石窟诸佛影像一册"。从鲁迅日记可知，泽村专太郎在中国收集美术史资料不遗余力，甚至通过鲁迅收集中国古代绘画作品。而鲁迅获得云冈石窟佛像写真照片和影像，也与泽村有密切关系。

桐木盒底有永观文库章，并有题记："西域画，五代，三藏法师像，毗沙门天眷属。"可见这是泽村专太郎转手给永观文库的。以泽村专太郎的学术背景，或是其在中国讲学考察时搜集，或有其他的渠道获得。泽村与大谷探险队资助者大谷光瑞同住京都，第一、二次探险橘瑞超只发掘到残件断片，故 1911 年 10 月派吉川小一郎做第三次探险，名为寻找橘瑞超，实际直奔王道士而去，购买了 38 件完整品，之后橘瑞超和吉川会合，将所获经俄国运回日本神户港。到达时，大谷已经破产，藏品分而流散。大谷所获无目录，亦流向不明。考虑到泽村之背景和其搜罗古画的不遗余力，获得其中数件或一件也甚有可能。据汉和堂陆宗润先生云，此画或是此 38 件完整品之一。然而无论如何，这幅西域画提供了丰富的历史信息，对我们理解当时的宗教、社会和艺术史都具有相当高的学术价值。

## 二 伴虎高僧行道图与玄奘法师像：新的证据

1900 年敦煌莫高窟藏经洞（第 17 窟）发现大量佛教艺术珍品，其中至少有 12 幅纸本、绢本《伴虎行脚僧图》。画面都为高僧形象，身着交领儒衫或井田袈裟，有复杂的装饰品，头戴斗笠，脚着短靴或草履。左右手持扇、念珠、拂尘、禅杖不一。身背放满经卷的竹笈，有圆形的伞盖，上面悬挂旅行用的水壶、刀子、钵、熏炉等用具。前上方云气纹上有化佛表现，脚下有云气纹，旁边有一只老虎伴随。日本奈良天理大学附属图书馆藏图有"宝胜如来佛"铭文。法国吉美国立东洋美术馆藏图有"宝胜如来一躯意为亡弟知球三七斋尽造庆赞供养"铭文。列举如下：

1. 斯坦因纸本，大英博物馆，Ch.00380；胡僧，有拂尘，后者无，持短禅杖，持经卷；老虎在浮云上。

2. 斯坦因纸本，大英博物馆，Ch.0037a；胡僧，无拂尘，无禅杖，持经卷；老虎在浮云上。

3. 伯希和绢本，集美博物馆，E.0.1141；持长禅杖，光头，铭文"宝胜如来一躯意为亡弟知球三七斋尽造庆赞供养"，无斗笠；老虎在地上。

4. 伯希和绢本，集美博物馆，E.0.1138；持长禅杖，手持念珠，无斗笠；老虎在地上。

5. 伯希和纸本，集美博物馆，M.G.17683，P.4518，P.3075，P.4029，P.4074，五种；老虎在浮云上。

6. 大谷纸本 A，韩国中央博物馆，4018 号。

7. 大谷纸本 B，日本奈良天理大学附属图书馆，722—13，朝向为右。

8. 俄登堡纸本，俄罗斯艾尔米塔什博物馆。

图 64 大英博物馆藏 Ch.00380 号

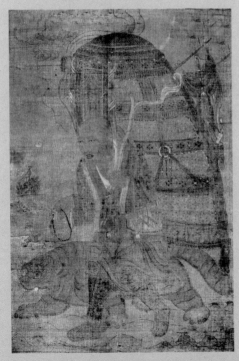

图 65 集美博物馆藏 E.0.1138 号

因为有的题记提到了"宝胜如来"的字样，有的学者认为画中的行脚僧就是"宝胜如来"，并推测可能是贞观之后玄奘的事迹使取经高僧图像得到流布，"行脚僧"和"行道天王"图像相契合，都是含有旅行造像的元素，所以使行脚僧本身具备了护持旅人的神力，演变成带有世俗神祇色彩的"宝胜如来"。不过这种解释并不可靠，宝胜佛具特殊重要性的情形仅见于法华经。若要说这幅僧人像与过去佛之间有某种联系，似乎不可能。宝胜如来为塔中佛，如法华经第33章中记述妙音菩萨对其进行的礼拜一样。宝胜如来并非画家描绘的对象，而是被行脚僧念诵的对象。但宝胜佛在于阗是受供奉的，被纳入到这一绘画题材中并不奇怪。在汉和堂所藏《三藏法师像》中，画面的左上方也画有一个微型佛像，并未标注佛名。与其他行脚僧最大的不同，是画中的高僧并非胡僧，而是带有显著汉人特征的高僧形象。

有的学者根据伴虎等绘画元素以及文献资料，推敲行脚僧为十六罗汉之一的达摩多罗（Dharmatrāta）。从美术史角度来看，唐代"行脚僧"图像对唐末五代时期兴起的"罗汉"图像产生了重要的影响，此后的罗汉画吸取了行脚僧画的一些元素。但是并不能从后来的文献和图像来倒推出行脚僧是罗汉达摩多罗的结论。实际上，《行脚僧图》，乃至《伴虎行脚僧图》，是早就在中原核心区域盛行的一种佛教题材画，有其自身的传统。

根据张彦远《历代名画记》的记载，行脚僧图像在唐两京地区非常流行。根据他的记载，长安荐福寺，吴道子于西南院佛殿内东壁及廊下画行僧；长安慈恩寺，李果奴于两廊中间及西壁画行僧；长安景公寺，东门南壁存行僧转目视人；长安胜光寺，西北院小殿南面东西偏门上，王定画行僧；东都洛阳长寿寺，佛殿两轩有吴道子画行僧像；敬爱寺，禅院门外道西，有王韶、董忠画行僧像，大院纱廊壁画行僧像，赵武端描，唯唐三藏是刘行臣描。从文献记载来看，行僧像曾广泛分布在长安和洛阳的寺院之中。根据内容也可以推测，吴道子等人所描绘的行僧，应该是一个群体，而不是一个人，但是玄奘也包括在内，所以张彦远在记载敬爱寺行脚僧图的时候，专门提到玄奘是由刘行臣所描。这些画中的行僧，应该都是佛教的重要高僧，其事迹描绘于寺院的墙壁之上，已带有某种宗教崇拜意涵。

　　不但从文献记载上可以证明，行脚僧图像早已在中原流行，而且《伴虎行脚僧图》，也不单单见于敦煌。正如学界已经注意到的，竣工于宋淳化元年（990年）左右的开封繁塔，在其残存的下部三层的佛砖上，就有《伴虎行脚僧图》。佛砖上的浮雕，表现的正是与敦煌藏经洞纸本或绢本《伴虎行脚僧图》一样的内容。在浮雕中，高僧右手持羽扇，左手持禅杖，身背竹笈，里边放卷卷经书。头顶圆形伞盖，伞盖的飘带向后飘逸，伞前垂着的线捆一经卷，下吊疑似一小油灯，有浮云生气，旁边有一只老虎伴随。同样题材（伴虎行脚僧）的浮雕，还见于北宋神宗熙宁元

图 66 中国国家博物馆藏北宋繁塔砖

年（1068年）建造的"大悲观音大士塔"（位于河南宝丰县附近的火珠山上）。这些图像证据都证明，伴虎行脚僧像，跟罗汉并没有关系。上引两处浮雕，除了《伴虎行脚僧像》，还有《伏虎罗汉像》，可见两者完全是不同的两种佛教题材画。汉和堂所藏《三藏法师像》中的高僧，并非是胡人或者罗汉相貌，而是具有汉人特征的高僧，这也证明了伴虎行脚僧像，确实跟世俗高僧有关，而不是与佛教神祇有关，这更可能是佛教的一种祖师画。

北宋张择端的《清明上河图》中也有一个典型的身负背篓行脚僧形象。魏泓（Susan Whitfield）对此进行过详细的探讨，认为在大众的想象中，玄奘本人也被赋予了这种行脚僧的形象。本来"伴虎行脚僧像"和"玄奘像"是两个绘画题材，但是后来受到前者的影响，玄奘的形象被赋予了"伴虎行脚僧"的元素和特征。

**图67**《清明上河图》中的行脚僧像

值得指出的是，敦煌所出伴虎行脚僧图像基本都是胡僧形象，之前并没有发现明确的汉人高僧伴虎题材的纸本或绢本绘画。所以有学者推测，虎是为了标志僧人胡僧的身份，因为中文里"虎"和"胡"读音相同。老虎的出现就标志了旅行者的身份——这是一位胡僧。而一旦玄奘成为传奇人物，这样的形象就被套用来描绘他，这当然是一种很正常的做法。但是从汉和堂所藏《三藏法师像》来看，这一点可能并不能成立。因为在汉人模样的高僧身边，也伴随着一只老虎。这又如何解释？

其实高僧伏虎是佛教展现高僧神通的重要题材，在佛教文献中屡见不鲜。高僧法力不但能够打动世人，甚至能降伏猛兽。在佛教众生相通的理论里，这一点非常重要。但是我们不能随便从文献中找出一个高僧伏虎的例子，就说图像中的行脚僧就是文献中所描述的那个高僧。有学者认为敦煌画中的行脚僧像和枣柏大士李通玄（635—730 年）、法藏（643—712 年）有关，这种推论从逻辑上可能不能成立。关于高僧伏虎的记载，比如《梁高僧传》卷九有关耆域的内容，"前行见两虎，虎弭耳掉尾，域以手摩其头，虎下道而去，两岸见者随从成群，以晋惠之末至于洛阳"；又比如《广清凉传》记载释普明从山东游历五台山时，在南台之北遇到老虎化现；等等，非常之多。猛虎出现在高僧绘画中，最初的意涵，可能就是为了突出高僧的法力高深，可以降伏猛虎，并使猛虎保护自己一路传法。

## 三 罕见的双重毗沙门天王

此画的构图不同于敦煌藏经洞其他 12 幅《伴虎行脚僧图》最显著的地方，就是有毗沙门天王出现在构图中，直接证明了此类画作与出行有关。更为罕见的是，在构图中出现了两种毗沙门天王的造型，一种是持伞幢执鼠，一种是执塔。两种造型的毗沙门天王都出现在一幅画中，可能反映了当时特殊的社会、信仰结构。

汉和堂所藏这幅《三藏法师像》中，出现了高僧的形象，也出现了毗沙门天王，其中的关联性或可推知。在玄奘西行过程中，曾经得到毗沙门天王的护佑。据玄奘弟子所撰《大慈恩寺三藏法师传》记载云：

> 是时四顾茫然，人鸟俱绝。夜则妖魑举火，烂若繁星，昼则惊风拥沙，散如时雨。虽遇如是，心无所惧，但苦水尽，渴不能前。是时四夜五日无一滴沾喉，口腹干焦，几将殒绝，不复能进，遂卧沙中默念观音，虽困不舍。启菩萨曰："玄奘此行不求财利，无冀名誉，但为无上正法来耳。仰惟菩萨慈念群生，以救苦为务，此为苦矣，宁不知耶？"如是告时，心心无辍。至第五夜半，忽有凉风触身，冷快如沐寒水。遂得目明，马亦能起。体既苏息，得少睡眠。即于睡中梦一大神长数丈，执戟麾曰："何不强行，而更卧也！"法师惊寤进发，行可十里，马忽异路，制之不回，经数里忽见青草数亩，下马恣食，去草十步欲回转，又到一池，水甘澄镜彻，即而就饮，身命重全，人马俱得苏息。

这座神，在当时而言，就是毗沙门天王。毗沙门天王是唐代人们的保护神，也是旅行者的保护神。如敦煌文献 P.2341 之九云：

> 今为王事，欲涉长途。道路悬逖，关山峻阻。欲祈告达，仰托三尊，敬舍珍财，愿保清适。惟愿伐折罗大将引道，所向皆通；毗沙门天王密扶，往来安泰。

毗沙门天王或者多闻天王的信仰在西域极盛行，敦煌文献和壁画造像中多有反映。上引文献就是旅行者直接祈求毗沙门天王能够护佑自己，"往来安泰"。此外，P.2807、S.2146 的天王文、布萨文都是以多闻天王为主的愿文。

　　唐宋时代绘画中，除了行脚僧的题材，还有行道天王和行道菩萨。虽然没有图像资料，但是自南朝开始，就不断有"行道天王"题材的绘画被提及，比如南朝梁张僧繇就创作过《行道天王像》一卷；盛唐的吴道子也画过"行道天王"。唐大中年间（847—860 年），范琼在圣寿寺画"行道北方天王像"，特别指出行道天王就是多闻天王或者毗沙门天王。敦煌藏经洞出土的毗沙门天王图则从图像上证明了此类画作的广泛存在，也进而印证了毗沙门天王作为旅人保护神的角色。

图 68 行道天王图，英国博物馆藏，斯坦因 45.Ch.0018

但是汉和堂所藏这幅带有祖师像性质的绘画中，毗沙门天王出现了两个，而且造型不同。上引《行道天王图》，描绘的是毗沙门天王与侍从渡海的情景：天王右手执戟，左手托起宝塔，这是典型的毗沙门天王的造型。敦煌地区的毗沙门天王造像从盛唐兴起，流行于中唐、晚唐、五代，并持续到宋代，现存图例达80幅以上，可以想见当时毗沙门天王信仰的兴盛。特别是在盛唐至中唐的初期阶段，持戟和托塔的立式毗沙门天王像占绝大多数。汉和堂《三藏法师像》下半部右侧的天王造像正是如此，其左手执塔，身披铠甲，怒目圆睁，全身祥云环绕，似在护佑着画中的高僧。

与右侧的毗沙门天王像相对，左侧也是一位天王的形象，其右手持伞幢，左手则执一青色的、形如老鼠的神兽。令人惊叹的是，如果说右侧是毗沙门天王的话，左侧居然不是通常所谓四大天王中的其他三位，而也是毗沙门天王。泽村专太郎（或永观文库）在此画桐木盒上题记云"毗沙门天眷属"，确实是慧眼独到。两边的天王都是毗沙门天王。一般认为，持有佛塔的毗沙门天王与持有宝鼠的毗沙门天王均可看作毗沙门天王图像变容过程的不同时期的代表。持佛塔的毗沙门天王是诞生于包括于阗在内的中亚地区，之后传入中国以及日本的具有东亚特点的神像，似乎在印度并没有此类形象。而毗沙门天王跟于阗有密切的关系，《大唐西域记》记载毗沙门天王为于阗守护神。

这一点可以跟榆林窟第 15 窟前室北壁天王像做比较。榆林窟第 15 窟被敦煌研究院断代为中唐覆斗形窟，中唐壁画保存在前室，前甬道南北两壁为吐蕃装伎乐，前室左右两壁及后壁两侧绘四大天王。前室北壁中央绘有一天王像，坐须弥座，不着甲胄，上身赤裸，后依背靠，菩提双树，头有项光，顶饰华盖，飞天散花于空中。右侧天女奉宝盘，左侧力士持宝袋。此天王右手持带有花纹的棍棒，左手放于膝上并持有毛色呈茶色看似貂鼠的动物。按照所处的位置，应该对应北方多闻天王，也就是毗沙门天王。有学者认为，这幅天王像是持伞幢执鼬鼠天王与持戟执塔天王区隔的图像证据，证明多闻天王的形象存在着一个演变的过程。吐蕃统治敦煌期间，最为尊奉的神灵就是以多闻天王为主的四大天王和天龙八部，留有很多祭祀天王的仪轨文，受到吐蕃人带入西域、原属乌苌的吐宝兽的影响，多闻天王持物由佛塔转变为宝鼠。至中晚唐时，敦煌多闻天王形象开始改变，莫高窟第158窟西壁北侧天王已持类似伞幢的彩杖托塔而非持矛或戟。第12窟毗沙门天王已成坐像，右手亦持彩杖而非长矛或三叉戟。榆林窟第15窟的多闻天王，是汉藏多闻天王变化的分水岭。多闻天王在中国大乘佛教寺庙的"天王殿"中，一般身绿色，穿甲胄，右手持慧伞，左手握持神鼠——吐宝鼠。

在汉译佛典当中记载着四大天王中的毗沙门的所持物为宝鼠。持宝鼠的毗沙门形象可能来源于多种信仰因素，除了吐蕃、印度的宗教因素之外，于阗神鼠传说或许也扮演了重要角色。于阗神鼠传说不但得到了文献记载的证实，也得到了考古证据的佐证。斯坦因1900年在新疆丹丹乌里克发现的一块鼠头人身的版画，头侧向右，左眼看着远方，右手举在胸前，背有光环。在这块版画的左边，有一男子，手持香花，与鼠头人身像做对望状。有学者认为，这是表现于阗人香花供养鼠神的情节。斯坦因在玛亚克里克附近佛殿的回廊内墙上也发现了鼠头神内容的版画。毗沙门天王跟神鼠联系在一起，最典型的记载出自《宋高僧传·不空传》：

> 天宝中，西蕃、大石、康三国帅兵围西凉府，诏空入，帝御于道场。空秉香炉，诵仁王密语二七遍，帝见神兵可

五百员在于殿庭，惊问空。空曰："毗沙门天王子领兵救安西，请急设食发遣。"四月二十日果奏云："二月十一日城东北三十许里，云雾间见神兵长伟，鼓角喧鸣，山地崩震，蕃部惊溃。彼营垒中有鼠金色，咋弓弩弦皆绝。城北门楼有光明天王怒视，蕃帅大奔。帝览奏谢空，因敕诸道城楼置天王像，此其始也。"

汉和堂的《三藏法师像》中，作为行道高僧眷属的两种造型的毗沙门，同时出现在一幅作品中。尤其是右手执伞、左手持鼠的立像，是在以前的西域绘画造像中未曾见过的样式。按照前引研究的说法，毗沙门天王的形象在吐蕃占领时期发生了转变，从持塔逐渐增加了持鼠的形象。这一论证主要是基于榆林窟第15窟多闻天王造像的证据。然而汉和堂这幅画中，两种形象的毗沙门天王都出现了。如果吐蕃统治的影响确实存在，将代表汉藏不同样式的毗沙门天王都绘制在一幅图上，是否反映了当时特殊的社会和信仰结构呢？也或者说，毗沙门天王的艺术表现形式，并不存在一个明显的转折，可能不同的样式同时被采用着。如果是前一种情况，这幅绘画是不是吐蕃占领期间所绘？也未可知。

总之，汉和堂所藏《三藏法师像》提供了丰富的信息，值得进一步讨论。

# 第十七讲 | 夸大的历史图景

直到目前，中国佛教史的主流书写范式（paradigm）仍是汉化（sinification 或 sinisization）和宗派（sectarianism）。围绕着前者，一类学者以作为外来宗教的佛教不断屈服和融合于中华文化为主线，来描述中国佛教发展和演进的历史，比如汤用彤和陈观胜（Kenneth K. S. Chen）。另外一类学者则强调佛教对中华文明的影响，比如许理和就用佛教"征服"中国来描述早期佛教传入中土的历史。这两类观点其实没有本质上的区别，都是围绕外来文明与本土文明的互动来描述佛教史，相关的讨论也非常多。但是，对于"宗派模式"（sectarian model）的反省和探讨，还略显不足。本文的一个主要目的，就是要尝试分析，中古时代佛教宗派林立，彼此倾轧的历史图景到底是真实的历史事实（historical fact），还是被夸大了的阐释（interpretation）和建构（constuct）。

在禅宗真正兴起之前，隋唐僧俗知识分子与大众，均无宗派之观念，更无"宗""派"之概念。道统之说，发端于唐灭之后，成型于南宋之时，实不出于唐人。近代以来，现实宗派的纠结，加上佛教研究者的重新阐释，将隋唐佛教描述成宗派森严的样貌，过分夸大了宗派在隋唐佛教史当中的重要性，扭曲了真实的历史图景。以宗派林立为主要叙事主题的佛教史研究模式，不论中国还是西方，都受到日本佛教界和学术界的影响，而日本学者关于佛教宗派的知识和印象，来自日本佛教界的情形。日本佛教宗派在政治、经济、社会、文化等领域都产生了深远的影响，有的宗派甚至成为独立的政治势力，但这样的情形从未在隋唐时代的中国发生过。

西方的佛教研究，在最初的阶段，曾偏重于认为中国佛教是印度佛教的佐证。释迦牟尼创立的是纯粹的佛教，但是它所到之处，便与当地的迷信相混，呈现出新的面貌，所以从印度佛教到汉传佛教，就是一部退化的佛教史。在这种观点指导下，汉译佛典与西行求法的高僧成为研究的重点。19世纪末20世纪初，随着一大批优秀汉学家的出现，他们开始强调要在中国文明的框架内研究中国佛教，后来美国的中国佛教研究，不再特别关注汉译佛典，而侧重研究中国本土的佛教典籍与佛教宗派。如果在这样的语境中重新理解所谓宗派在隋唐之际的出现，则完全不同于之前关于佛教"退化"的论述。不同于原教旨主义的新理解的出现，标志着中国佛教具备了在印度和中亚佛教之外独立发展的能力。中国佛教界不再仅仅照搬外来的理论，转而强调自身对佛理的重新阐释。

目前佛教研究者大凡认为，隋唐之际，中国佛教发生巨大变动，由以前的只注重佛经翻译和注解经书，逐渐发展形成了天台宗、三论宗、唯识宗、律宗、华严宗、净土宗、密宗和禅宗等八大宗派，中国佛教从南北朝的学派佛教，转而成为隋唐的宗派佛教。这似乎已经是众所周知的常识，这个时代的很多高僧都被各个宗派奉为祖师。比如天台宗奉智顗（538—597年）为四祖，华严宗奉法藏法师（643—712年）为三祖，净土宗奉善导（613—681年）为二祖，法相宗（唯识宗、慈恩宗）以玄奘、窥基为祖师，等等。如此看来，似乎在隋唐时代确实存在着各种不同的宗派。

按照各宗各派分门别类进行介绍描述，从 19 世纪末就是主要的中国佛教史书写方式，尤其是描述隋唐佛教的时候，这更是一种主导模式。而这种模式，并不局限于中国或者外国学者。比如1880 年艾约瑟（Joseph Edkins, 1823—1905 年）出版的《中国佛教》（*Chinese Buddhism: A Volume of Sketches, Historical, Descriptive, and Critical*）就开始按照各个宗派描述中国佛教史，天台宗更是被单列一章。1913 年，约翰顿（Reginald Fleming Johnston）出版了《佛教中国》（*Buddhist China*），也是简单介绍了中国各宗派。之后这就是一种主流的叙事方式，比如，沃芮寿（Arthur F. Wright）1959 年撰写的《中国历史上的佛教》（*Buddhism in Chinese History*），在"独立成长时期"（"The period of independent growth"）一章，重点讨论了禅宗和天台宗，并且指出这些宗派的活动深刻影响了中国的哲学、美学、艺术和文学。沃芮寿大体持一种"中国化"的叙事模式，认为隋唐时代是中国佛教逐渐排除印度影响、独立发展的阶段。

沃芮寿之后，陈观胜、汤用彤等学者，都将宗派林立作为隋唐佛教新出现的一大特点。就叙事模式而言，都是持佛教本土化或者中国化为主要线索，将隋唐时期宗派林立作为中国佛教史的一大转折。许理和的研究重点是佛教传入中国的早期阶段，所以涉及宗派的讨论较少。汤用彤 1918—1922 年留学哈佛，深受白璧德（Irving Babbitt）新人文主义的影响，系统接受了西方学术思想、方法之训练，博学多识，于"中印欧三方思想同有造诣"。他的《隋唐佛教史稿》至今仍是该领域的奠基之作，基本奠定了目前隋唐佛教历史图景的基调。关于佛教宗派，他认为："佛法演至隋唐，宗派大兴。所谓宗派者，其质有三：一、教理阐明，独辟蹊径；二、门户见深，入主出奴；三、时味说教，自夸承继道统。用是相衡，南北朝时实无完全宗派之建立。盖北虽弘三论，大说空理，然门户之见不深，攻击之事不烈。南虽弘成实，而齐之柔、次，梁之旻、云，未尝闻以承继道统自诩。"

汤用彤所论的宗派有九：三论宗、天台宗、法相宗、华严宗、戒律、禅宗、净土、真言宗、三阶教。他称"戒律"而不用"律宗"的名称，大盖是沿用蒋维乔的"戒律宗"之说。汤用彤认为，隋唐以前中国佛教主要表现学派之分歧，隋唐以后，各派争道统之风渐盛，乃有各种教派之竞起。学派强调的是师承的系统，而宗派则强调祖谱法脉的传承。虽然汤用彤接受隋唐时代为宗派佛教时代的说法，但是他也有很多的疑虑，比如他认为，法相宗玄奘大师早年虽然偏于法相，而究不限于法相师之学；虽然以瑜伽为本，然绝不拘于一宗义，而有所偏执也。他本人也甚怀疑像玄奘这样的高僧当时是否有创宗立派的意图。

原本为《剑桥中国史·隋唐卷》撰写佛教部分的史丹利·外因斯坦（Stanley Weinstein），后来出版了单行本，名为《唐代佛教》（*Buddhism under the T'ang*）。此书虽然以唐代佛教命名，但是大致只讲述了帝王（比"政治"的概念还要狭隘得多）与佛教的关系。很明显，他的叙事方式依然是宗派范式，比如他讨论了武则天与禅宗、华严宗的关系，认为武则天在佛教史上第一次给予上述两个宗派政治上的支持，重点描述了玄宗朝密宗与朝廷的关系，并惊讶于四大精英宗派之一的法相宗在安史之乱后彻底消失和律宗失去显要地位。考虑到外因斯坦本人主要是研究日本华严宗，他难免会受到日本佛教界派别森严印象的影响。在一篇讨论皇室供养的论文中，外因斯坦就认为天台宗在唐初衰落是因为与隋朝的关系太过密切，同时讨论了法相宗和唯识宗所得到的帝王供养。他还为《宗教大百科全书》（*Encyclopedia of Religions*）撰写了"中国佛教的宗派"词条，主要介绍了八个宗派：天台、华严、禅宗、唯识、净土宗、三论宗、律宗与密宗。

汤用彤曾感慨，中国近七十年来有关佛教宗派问题之记载多系抄袭日本。他所谓的"近七十年"，指的是自 19 世纪末以来的情形。就"宗派模式"而言，汤用彤所言不虚。

1929 年，商务印书馆出版蒋维乔的《中国佛教史》，这可能是中国第一部系统的佛教史作，其虽以日本学者境野哲《支那佛教史纲》为依据，有人甚至认为是抄袭之作，但也不能否认他有自己的创见。此书也是以宗派作为佛教史的一条主线，从其篇目就可以看出端倪，比如第 10 章 "天台宗之起源及其开创"、第 11 章 "嘉祥之三论宗"、第 14 章 "唐之诸宗"、第 18 章 "近世各宗"等等。在蒋维乔的框架里，并没有三阶教。但是到了 1965 年陈观胜写《中国佛教》(Buddhism in China)时，就将三阶教作为隋唐宗派的一种进行讨论。汤用彤的《隋唐佛教史稿》在其去世后的 1982 年由中华书局出版，在讨论隋唐宗派时，其下则列九宗，三阶教也被列入隋唐佛教宗派的一种进行讨论。为何蒋维乔的框架内没有三阶教，而后陈观胜和汤用彤都补述三阶教的内容呢？三阶教为世人所了解，得益于矢吹庆辉的研究，他的《三阶教研究》1927 年出版。蒋维乔的书 1929 年出版，大概并不了解矢吹庆辉的新发现。到了稍晚，待陈观胜和汤用彤分别撰写佛教史时，就自然将矢吹庆辉的新发现加入到自己的叙述框架中。从这个细节可以知道，其实宗派图景在某种程度上是由学者一片一片构建出来的。学者自己的阐释和史实之间，并不相同，甚至相去甚远。

唯识宗也是近现代学者才重新阐释出来的。这一学术潮流的形成，可以上溯到清末杨仁山托南条文雄（1849—1927 年）从日本搜购寄回的中国古代著述，特别是唐窥基《成唯实论述记》、弥勒菩萨造《瑜伽师地论记》等经典。这些典籍刻版流通以后，使宋朝以降几成绝学的唯识宗面目，再度逐渐为人所知。加上杨仁山、章太炎对唯识学的重新阐释，法相宗或者叫唯识宗，在被冷落一千多年后，被重新构建出来。唯识之学，在民初一度成为显学。章太炎运用因明与西方逻辑、中国墨经做比较研究，著有《齐物论唯识释》。欧阳竟无、韩清净和太虚等也曾对法相唯识之学竞相研习。法相宗传入日本之后，确实在日本形成了宗派，但是在其本土，恐怕并非史实。653 年，日僧道昭入唐，从玄奘学法相宗义，回国后，以元兴寺为中心而传法，称为南寺传；717 年，玄昉入唐，从智周学法，返国后，以兴福寺为中心而传法，称为北寺传。日本法相宗为奈良 – 平安时期（710—1192 年）最有势力的宗派之一。

实际上，隋唐宗派说的讨论，到了民国初年才成为热门话题。南宋末年日本僧徒凝然（1240—1321 年）撰《八宗纲要》，最早提出三论、法相、华严、律、成实、俱舍、天台、真言八宗之说。民国初年，凝然《八宗纲要》传入中国，并引起中国学者注意。杨仁山在凝然的基础上将中国佛教宗派补为十宗，包括律宗、俱舍宗、成实宗、三论宗、天台宗、贤首宗、慈恩宗、禅宗、密宗、净土宗。此后中国学者屡有增减，但是大体认为中国佛教存在众多宗派是不容置疑的史实。不过像三论宗、涅槃宗、成实宗、净土宗、地论宗、摄论宗等名称，在前代从来都没有过，显是近人所发明。依据各宗派的主要大师如智顗、吉藏、玄奘、法藏及慧能等人活动年代，吕澂认为佛教宗派依次建立为天台宗、三论宗、慈恩宗、贤首宗和禅宗。而且在吕澂看来，中国的宗派只有上述五种而已。不过现在以宗派模式来讲述隋唐佛教史已经成为主流，许多学者都已经接受了这样的叙事结构。

那么宗派林立到底是不是隋唐时期佛教界的主要特点呢？宗派林立、出主入奴等现象，是当时的历史史实，还是后人附会构建出来的历史图景呢？

隋唐之际，不论僧俗，都并无宗派的观念，这一观念是后起的。检6—9世纪的佛教文献，并不能得出任何宗派归属感的论述。比如《续高僧传》甚至更晚的《宋高僧传》（大部分记载唐中后期的事迹），没有任何一个僧徒自称或者被记载为某宗某派。玄奘虽然被奉为法相宗的祖师，但是他自己都不知道有这么一个宗派。而且，"天台宗""华严宗"这些概念，甚至更广泛的"宗派"的概念或名称，全然不见于唐代文献，比如墓志、文集、正史、僧传等等。僧徒不论建寺、造像、举行法会，都不曾以某宗僧侣的面目示人。

实际上，隋唐时期的僧侣有分类，但是他们大多按照僧侣自身的知识传统和事迹类型分类，比如道宣《续高僧传》："始岠梁之初运，终唐贞观十有九年，一百四十四载，包括岳渎，历访华夷，正传三百四十人，附见一百六十人。序而伸之，大为十例：一曰译经、二曰解义、三曰习禅、四曰明律、五曰护法、六曰感通、七曰遗身、八曰读诵、九曰兴福、十曰杂科，凡此十条，世罕兼美。"

按照知识结构和主要修为将僧侣分为"译经""解义""习禅""明律"等，是当时一种通行的做法。但是并不是说某宗僧徒因为知识结构而壁垒分明，所有的僧侣都追求这些知识。与其说僧侣以宗派分别，倒不如唐人自己的"法师""禅师""律师"的称呼更贴近史实。比如唐太宗委任"十大德"，有信息记载的有7位，这7位中，6位是解经师而不是禅师。而天台宗的僧人，并不包括在内，净土信仰和三阶教也都不在其中。这大致反映了当时的一般看法。

上面笔者谈到三阶教和唯识宗的出现是在近现代，甚至明清时代的人都不知道有这些名称。其他诸宗都大体有相类似的问题。

　　善导被视作净土宗的二祖。但是在善导645年入住长安后，三十年间，他对王公大臣和京师高僧都没有造成太大的影响。他大部分时间都住在商业区的光明寺，晚年住在实际寺。外因斯坦认为，安禄山叛乱前，尽管净土宗当时可能在普通民众中已经占据主导地位，但精英学派没有谁真正注意过净土宗。实际上，善导本人是绝不可能有净土宗概念的，也绝对不会想到到了南宋末自己会被列为净土宗的二祖。当净土宗传入日本后，日本净土宗更奉阿弥陀佛为初祖，善导为二祖。善导的学说基本上不被当时的主要佛教知识分子引述，他所处时代的佛教文献也鲜有提到他名字的。西安碑林中保存的《大唐实际寺故寺主怀恽奉敕赠隆阐大法师碑铭》中有"时有亲证三昧大德善导阿阇黎"的语句。在蒋维乔撰写《中国佛教史》的时候，他将善导所倡导的信仰命名为"念佛宗"，并指出，善导之念佛，最初即不与上流社会接近，以博下级人民之信仰为务。善导灭后，学者及地位高尚之僧侣，继承法统者，此宗甚少。

　　善导虽然是长安城研修净土信仰最为重要的僧侣，但他所处的寺院，并不能用净土寺院来概括。实际上，鲜有以某宗某派为界定的寺院，这与日本的情形完全不同。在善导的时代，长安崇仁坊资圣寺有净土院，但是善导并不住在此处。资圣寺有净土院，也不表明它是一个净土寺院。它所处的位置当皇城之景风门，与尚书省选院最近，又与东市相连，所以非常热闹，号称昼夜喧呼，京中诸坊，莫之与比。《宋高僧传》卷六《唐彭州丹景山知玄传》记云："复从本师下三峡，历荆襄，抵于神京资圣寺，此寺四海三学之人会要之地。"实际上不同知识和修为的僧侣都可以在资圣寺找到。被后人概括为唯识宗本寺的大慈恩寺，也看不出有任何宗派色彩，它的僧侣也难以概括为唯识宗。在这一时期，并不存在一个叫唯识宗的佛教宗派。学无常师、僧无定寺、寺无定产，是隋唐佛教界的一个重要的特点。寺院若有宗派内部的认同感，就可以通过思想的一致来维系"寺院－僧团"的团结。但是这在隋唐时期并未看到。

　　天台宗的道统也是后来逐渐构建出来的。智顗567年与自己的老师慧思、同学僧照分裂，前往建康，而慧思和僧照则去衡山。从文献看，智顗曾公然指责僧照的过错。但是实际上是僧照而不是智顗继承和维持了其师慧思的僧团。所以杨广在邀请智顗的同时，也邀请了他的同学僧照禅师。592年，智顗赴庐山见自己的老师慧思。灌顶（561—632年）后来在《摩诃止观》序论里，引用《付法藏因缘传》编造自释迦牟尼以降的传法谱系，交代智顗的师承关系，从而构造了自命为佛法正统的天台宗道统。宗派的传法定祖，是要确立师徒之间的传授谱系。这个谱系把宗派创始人的思想说成源自释迦牟尼或其他公认的大菩萨，在历代嗣法者与创始人之间确立一脉相承的思想关系。道统的营建与教相的判释一样，都是用来论证自己正统地位的有效手段。灌顶提出了两种传法谱系，一是根据《付法藏因缘传》，从释迦牟尼付法迦叶开始，经过阿难陀、商那和修等，一直到师子比丘，共24代祖师；二是以龙树为高祖，把北齐慧文、南岳慧思、天台智顗列为二祖、三祖、四祖。此时并没有"天台宗"的说法，到了湛然撰写《法华经大义》才第一次出现了这样的字眼，"将释此一部妙典二十八品多有诸家，今暂归天台宗"。湛然将灌顶列为五祖，显然是违背史实的。智顗去世以后，领导天台僧团的是智越，而不是灌顶。但是湛然所定的谱系成为后世公认的天台宗道统。智顗去世以后，天台僧团已经不再为隋炀帝重视。灌顶甚至曾被其他僧侣诬陷为巫，押送到对高句丽作战前线接受隋炀帝的处罚。所以并不是外因斯坦所说的那样，因为天台宗与隋朝皇室交往甚密，所以唐初的帝王都不支持天台宗。汤用彤对于天台宗到底是否存在也颇有疑虑，认为"智者在世不但无自立宗派传统之意见，而且其遗文中亟叹无可传法之人"。天台智顗以《法华经》为依据，实为当时法华经师中之一家。《法华经》本就是诸论之基础，早受佛教界重视，并非为智顗所重新发掘。

又比如三论宗，唐宋之际的中国佛教文献从来没有提及三论宗。学习三论的僧侣，通常也会兼习其他书籍，如《续高僧传》说吉藏大师曾"讲三论一百余遍，法华三百余遍，大品、智论、华严、维摩等各数十遍。并著玄疏盛流于世"。三论宗之名，始见于日僧凝然《八宗纲要钞》，《八宗纲要钞》定下三论宗的传承祖脉。认为印度祖师之血脉以文殊菩萨为高祖，马鸣为次祖，龙树为三祖。这都属后人建构的知识。

又比如律宗，蒋维乔称为"戒律宗"，汤用彤称为"戒律"。从诸律齐弘到四分律独尊，律经过一个复杂的演进过程。但是戒律作为佛教三学之首髓，不仅为大小乘佛教所共有，也是各宗派僧人首当依持的。从隋唐的具体史实而言，有律学而无律宗。郭天祥就认为，鉴真并不拘泥于一宗一派的知识，玄奘经、律、论三学精通，远超出一宗一派的范围。所以他认为，这种跨宗派的现象，是非常普遍的。但是实际上，鉴真和玄奘的时代，他们并无宗派的概念，何来跨宗派或不跨的问题呢？

中国本土最早提出宗派学说的，已经到了南宋，宗鉴撰《释门正统》，正式提出天台宗、华严宗、律教、慈恩、禅宗、密等名称，明确地指出其谱系的传承，在此之前，隋唐时代，宗派林立，壁垒森严，入主出奴的情形，并不存在。

西方本有宗派概念，但是佛教宗派之说，是随着禅宗在西方的传播而逐渐被大家接受。禅法之进入西方，主要归功于铃木大拙的努力。日僧宗演 1893 年参加芝加哥世界宗教大会，铃木大拙充当翻译，从而开始涉入西方学术界。1906 年，铃木发表了名为《禅宗》（"The Zen Sect of Buddhism"）的论文，用"sect"（宗派）来形容日本的禅宗。此后他陆续出版和发表了众多的关于日本禅宗的研究成果。1927 年他在伦敦出版论文集《禅佛教论集》（*Essays in Zen Buddhism*, London, 1927），被认为是禅宗正式进入西方世界的标志性事件。在他推介日本的临济宗以后，"禅"先是在西方的知识界受到了推崇。他本人传承了临济宗的一系，有意无意地忽略了其他禅宗学派的作略，如曹洞宗的思想观念等。而且他不加批判地接受了禅史上有关达摩传的说法，把菩提达摩看成中国禅宗的真正初祖，并把早期禅宗的历史视为南宗不断胜利的历史。但是从 20 世纪 50 年代他和胡适关于禅宗研究方法的争论，加上稍后 60 年代柳田圣山以批判的历史学方式研究早期禅宗历史之后，西方佛教界才逐渐认识到铃木大拙描述的禅，是抽离了历史脉络的思想研究，而并非是历史事实。

西方基督教的教派之争，往往根源于复杂的民族、政治矛盾。比如早期罗马教与东正教的分裂。东正教与拜占庭帝国并行，在其内部，拜占庭是以希腊化为主导的，非希腊的各族人民为了争取自身权益，形成了多种异端宗派，比如景教。但是这些情况在中国中古时期鲜有存在。

西方佛教学者对宗派范式的批评，目前主要集中在禅宗方面，其中以傅瑞（Bernard Faure）、福柯（Grifth Foulk）和马克瑞（R. McRae）为代表。他们对禅宗研究上所谓"史料"的观念进行了重新的批判。要求禅宗史的研究必须首先区分传统禅宗的"史传"（legend，主要是各种灯录资料）文献与禅宗"历史"的不同，因为"史传"大都是禅宗宗派为了塑造"自我肖像"（self-image）而有意识地"制造"出来的，而"历史"则是对禅宗学派发展的文化和思想进行现代的理解。傅瑞在处理北宗历史时，注意到"史料"背后的宗派意识形态和权力的关联。傅瑞认为，自宇井伯寿、关口真大和柳田圣山等学者的禅学著作的问世，似乎把禅学的研究带入了"客观主义历史学"的时代。但傅瑞发现，他们写作中的历史批判的方式还不够彻底，很大程度依然因袭传统禅宗系谱所建构的系统。具体说，傅瑞发现这些日本禅历史学的书写背后，同样隐藏了某种宗派主义的观念影响。如他批评这些禅史研究学者虽然应用到新发现的禅宗文献，特别是敦煌文书，但是这些资料的作用，只不过是给他们为传统禅宗系谱的结构增添些更详细的旁证，或者仅作一些微小修补而已，而并没有触动这些禅史学者进一步去怀疑和批判传统禅宗所虚构的谱系结构本身。比较了《续高僧传》与《楞伽师资记》《传法宝纪》之间关于早期禅传法谱系的不同，傅瑞认为道信与慧可、僧璨等楞伽系的关系是到《楞伽师资记》《传法宝纪》才出现的。他指出这一晚出，表明道信与二、三祖之间的师承关系并不明确，甚至可能是后来的补撰，因此楞伽师与道信所开始的东山法门的传统之间，没有直接的思想关联。后来的北宗门下，为了正统性的要求而有意识地虚构出两者的联系。

沙夫（Robert Sharf）在研究密教的时候，也对宗派模式提出了自己的批评。在他看来，日本真言宗或者密教的历史被普遍理解成宗派传承的历史，其核心是主观构建起来的祖师谱系。而这个祖师谱系，实际上是日本学术界自己构建起来的，为了给日本真言宗的合法性提供历史依据。但是，沙夫认为，从中文文献中，找不到确实的证据能够证明日本学界和宗教界所理解的那种密教谱系和传承。通过对日本和中国史料（比如赞宁的《宋高僧传》）的分析，沙夫指出赞宁等人都是抱持着宗教神圣感来勾画自己的写作的，其根基是宗教性（doctrinal exegesis）的，而非历史研究性（historical description）的。

佛教史的研究，不但要求有佛教学者的知识，而且还要有历史学者的客观态度。佛教文献抱持有塑造神圣的目的性，在叙事方法上有取有舍，其勾画和呈现出来的宗教图景，往往是自己所处教派所需要的，并不一定是执着于历史客观性。就中国隋唐时期宗派林立的历史图景的成立而言，很多知识都是后来的僧侣，特别是日本佛教徒为了追寻自身宗派的神圣性而追加的，这些非历史客观的知识，近代以来传入中国和西方学术界，产生了很深刻的影响。近年来，不断有西方学者反省和检讨这样的叙事，转而寻求符合历史客观性的研究方法。在研究宗教史的时候，避免宗教（或者其他意识形态、主义）神圣性的影响，始终是一个巨大的挑战。

# 第十八讲 | "唯识宗"在近代学术中的兴起

晚清时代，面临西方哲学和科学的冲击，中国和日本佛教界都在进行佛教复兴运动，希望能够使佛教获得新生。在这样的脉络中，一方面随着早在中国本土散佚的唯识学典籍的回流，兴起了唯识学的热潮；同时在欧美东方学传统影响下，也产生了对历史上玄奘及其撰述、师承的讨论。另一方面，日本僧人撰述的关于佛教宗派的著作，尤其是凝然的《八宗纲要》传入中国，其整齐的宗派划分，对中国学界产生了很大影响。此后把隋唐时代当作中国宗派的鼎盛时期，将中古佛教视为宗派林立、彼此竞争、壁垒森严的情形成为一种具有重要影响的叙事模式。但是这或许并不符合史实，而是近代学术构建的产物。

## 一 晚清佛教复兴运动的脉络

晚清的中国，本土知识和信仰体系受到了西方科技、思想、宗教的冲击，让中国的知识精英产生了极度的危机感和无力感。然而，在这样一个纷繁复杂的情形下，义学不振、戒律松弛的佛教却获得了发展的良机，出现了复兴的局面。唯识学在近代的兴起，也需要放在这一佛教复兴的潮流中进行理解。

西方对中国社会的冲击，一方面是物质层面的，另一方面则是精神层面的。就如杨文会（1837—1911 年）总结的那样："泰西各国振兴之法，约有两端：一曰通商，二曰传教。通商以损益有无，传教以联合声气。我国推行商业者，渐有其人；而流传宗教者，独付阙如。"杨文会的看法具有一定代表性。西方基督教和天主教的传入，是其占据精神世界主导权的重要途径。当时西方教会在中国的传教事业已经取得了显著的成绩，吸引了大量民众的参与。反观中国，本土的宗教却在萎缩。中国的复兴，除了在"通商"的经济层面追上西方，还要在宗教信仰层面，掌握主动权。杨文会发表上述言论的时代，正是清朝洋务运动取得相当成就的时期，所以杨文会认为，推行商业，已经有其人，而流传宗教，还需加强。可以说，杨文会这种思想，从他开创金陵刻经处时，就是一以贯之的。1856 年爆发的太平天国运动，托基督、上帝之说，横扫江南地区。佛教遭遇了前所未有的浩劫，大批寺院和经书被毁坏。虽然太平天国只是从西方宗教中借用了一些支零破碎的概念装饰自己的理论，但是因为佛教被其视为异教而遭到刻意毁灭，实际上给佛教造成了巨大的损失。中国持本土立场的知识精英，有很多人自然就将这种迫害佛教的行为归类为外来信仰和本土信仰的冲突。经过太平天国运动，江南甚至佛书难得。1864 年，曾国荃攻克南京。翌年，李鸿章署两江总督，委任杨文会负责江宁工程。1866 年，杨文会会同几位学佛同人创办了金陵刻经处。

面对西方的宗教信仰和科学知识，中国的知识精英不得不寻找能够托起民族振兴，避免亡国灭种的知识和信仰体系。谭嗣同的《仁学》以基督教替代道教，把"儒释耶"视为新的"三教"，而不是传统的"儒释道"。这是一种融合的路径。除此之外，是否能够依靠传统中国学术和思想来对冲西方的冲击？在谭嗣同看

来，基督教传入，夺华人之心，动摇国本。他依然是希望有本土
理论体系能够对抗西方。但是谭嗣同并不看好儒家学说，他认为
儒家经学已数传而绝，只剩下两千年来君臣人伦一套钳制人心的
旧观念。经学底气不足，儒家已不复能扶持人心，道教又走入仙
术一途，理论粗俗，只有佛教理论体系精深完备，尤其是唯识学
典籍的传入，给中国的知识界与佛教界提供了对西洋科学与哲学
回应和理解的资源。在这种情况下，晚清的中国知识精英，"稍
有根器者，则必遁逃而入于佛"，除了选择佛教作为信念支持和
安身立命之所，更为重要的，他们希望通过弘扬佛教，达到挽救
时局的目的。

　　1898 年，湖广总督张之洞在《劝学篇》中提出"庙产兴学"
的主张，以全国寺、观之财产兴全国之教育。这一主张在 1901
年被清政府推广到全国，导致各地寺产大多因学堂开设而遭侵
夺。在当时西洋文化理念及其价值体系冲击下，佛教被轻易贴上
了负面的标签。即便如此，晚清很多思想敏锐的知识人，如康有
为、文廷式、谭嗣同等等，都不约而同地对佛教产生了兴趣。尤
其是唯识经典从日本反传入中国之后，加上其他佛教典籍，成为
中国知识和思想界探索前进道路的重要理论来源。戊戌变法中曾
扮演重要角色的文廷式在 19 世纪末已经用佛陀来揣摩堪度（康
德），用龙树来比拟来普尼仔（莱布尼茨），用马鸣来想象士批诺
揸（斯宾诺沙），更以佛教经典来解读不拉度（柏拉图）的《会
饮篇》。文廷式不是特例，用佛教的哲学体系融合西方近代思想，
加以重新解释和阐发，是当时的一种普遍做法。最典型的比如章
太炎。他认为与精致的佛教哲学相比，西方康德、叔本华以及中
国先秦诸子的哲学思想也黯然失色，"参以近代康德、萧宾诃尔
（叔本华）之书，益信玄理无过楞伽、瑜伽者"。"释迦玄言，出
过晚周诸子不可计数，程朱以下尤不足论。"他用佛教提倡的众

生平等，来解释驱逐鞑虏，恢复中华的正当性，"佛教最重平等，所以妨碍平等的东西必要除去，满洲政府待我汉人种种不平，岂不应该攘逐？……照佛教说，逐满复汉，正是分内之事"；而且他还用佛教来诠释民权，认为佛教哲学是支持推翻君权，建立民主共和政体的——"佛教最恨君权，……这更与恢复民权的话相合"。

晚清以来的中国佛教复兴，实际上也是亚洲佛教复兴运动的一环。当时在日本，佛教也一样面临着被挤压的命运。明治维新以后，一方面，西方科学、宗教和哲学强势进入，给日本佛教造成巨大压力；另一方面，日本政府和精英有意识地塑造了一个"日本宗教"（Japanese Religion）——很可能最早是姊崎正治于1907年创造了这个概念。依据这一概念，神道被从民间信仰中分离出来，被定义为一种理性的宗教。他们希望通过重塑信仰世界，从而把日本历史和文化从"腐朽""落后"的亚洲体系中独立出来，完成日本从东方（oriental）到现代（modern）的转换。在基督教文化的强劲渗透和神道教被塑造为国家宗教的双重挤压下，佛教从国家政治生活和正统信仰体系中脱离，被迫走向边缘。为了探求护法之策，日本僧人谋求联合中国及其他亚洲佛教僧众，共同抗衡西方宗教，从知识、思想和组织上，能够使佛教获得新生。日本净土宗大谷派的高僧小栗栖香顶（1831—1905年）正是在这样的动机下，于1873年到达北京。他的本意就是联络中国佛教徒开展国际护法活动。

亚洲佛教复兴运动使中日佛教知识分子更加紧密地联系在一起，不但有个人和僧团的交流，有观点的交锋，而且也带来了佛教典籍的流传和重新发现。其中最为重要的是，在中国早已散佚的几部唯识学典籍被回传中国，引起了晚清民初的唯识学复兴。在历史上，玄奘唯识之学本不在中国思想史上占据主导地位，而且最终归于遏绝，但是到了近代，一反落寞寡合的地位，被一大批知识分子视为最堪回应西方文化挑战的法宝。唯识学的复兴，不但是佛教复兴的一环，而且是近代思想运动的重要组成部分。不过，需要指出的是，近代唯识学的复兴，是近代知识和思想的产物，并非是中国佛教传统一直的主线。从某种意义上说，其如同西方文艺复兴跳过中世纪，在古典时代寻找自己的定位和认同一样，是一种思想的重新发掘。但是如果依据近代的情形和近人的理解，将其比对到隋唐时代（所谓唯识宗的黄金时期），则去史实非常之远。"唯识宗"成为近代学术语言，延续至今，但是很可能并非是隋唐时代所用之概念，而是后人构建起来的术语。

## 二 清末唯识典籍的回传与"唯识宗"的"复兴"

从 19 世纪后半期开始，中国和日本的佛教精英几乎同时认识到要走出去，在世界的大格局里寻找复兴佛教的积极因素。如小栗栖香顶来到中国，联络中国同道复兴佛教一样，晚清民初的中国"新佛教"运动，一开始就具有了国际视野，是当时亚洲佛教复兴运动的重要组成部分。被公认为中国近代佛教复兴之父的杨文会，能够广泛地搜集流传海外的佛教典籍，也正是基于其丰富的国际交往经验。作为清政府的外交官，杨文会于 1878 年、1886 年先后两次出使欧洲。长达 6 年的外交生涯，使他得以结识了许多国外的佛教人士，这里面有欧美的宗教活动家，也有近代佛教的先驱人物。这其中最为重要的，当属南条文雄。

南条文雄是日本净土真宗大谷派的高僧，从明治九年到十七年（1876—1884 年），在英国牛津大学师从穆勒（Friedrich Max Muller, 1823—1900 年）学习，专修梵文学。在读书期间，已经进行了大量的翻译、撰述，尤其是他将汉文《大藏经》目录翻译为英文，即有名的南条目录（Nanjio Catalogue），其英文专著《日本佛教诸宗纲要》也将日本佛教的宗派图景介绍到西方。不过需要指出的是，日本佛教的宗派观念与情形，与中国古代不同，但是由于近代学术发展的次序，日本宗派林立的特点往往被比附到中古时代的中国佛教，成为中国佛教史的一种主流叙事模式。

1881 年，在伦敦日人末松谦澄寓所，杨文会见到了南条文雄，此后两人互相探讨佛学，结下深厚友谊。南条文雄对中国佛教的贡献，并非其梵文学，而是他将留存在日本却在中国本土散佚的佛教典籍回传中国。南条文雄在其个人撰述中就提到，要竭尽全力援助杨文会的刻经事业。南条文雄与杨文会的书信往来，大约终止于明治三十五年（1902 年）之后。二十多年中，南条文雄帮助杨文会搜集到不少已在中国散佚的佛典。比如北魏昙鸾作《赞阿弥陀佛偈》、《无量寿经优婆提舍愿生偈注》（杨文会改其名为《往生论注》）、《略论安乐净土义》；隋嘉祥法师所撰《中论疏》《百论疏》；唐道绰撰《安乐集》；唐善导撰《观无量寿经疏》；唐窥基撰《成唯识论述记》《华严略策》《因明入正理论疏》等。特别是中国早已亡佚却在日本重见天日的唯识学著作，窥基的《成唯识论述记》《因明入正理论疏》等，引起了中国学者的强烈兴趣，甚至将其拔高到救国保教的高度。当时从日本等处搜求中国已经亡佚的佛教典籍，是一种潮流。除杨文会之外，其他习佛者也通过各种渠道搜寻。比如戊戌政变后文廷式逃亡日本，拜访南条文雄，得到天台典籍和《成唯识论述记》。夏曾佑也曾赴日搜购佛典，将《俱舍论》《唯识论述记》《瑜伽师地论》等带回国内。但他们都没有杨文会在这方面的贡献大。这些在唐代即散佚，经历千年而中国未曾再睹的佛教文献，给中国近代重开佛教义学之风提供了良机。

不过必须指出的是，杨文会在重新编排、印刷这些日本回传典籍时，已经注入了宗派的观念，尽管这些宗派观念更多的是基于日本佛教的历史和现状在日本产生的，并不符合中国中古佛教的真实情形。比如他认为日本出版的《卍续藏经》虽然丰富，但是并无甄别，他便组织编刻《大藏辑要》，依照自己对宗派的理解，将内容分为华严、方等、净土、法相、般若、法华、涅槃以及传记、纂集、弘护、旁通、导俗等21部，这实际上已经采信了宗派的叙事模式，替读者做出了选择。可以说，正是因为杨文会的努力，才给中国佛教的近代复兴提供了良机，但是同时，这种努力也"恢复"或者"构建"了多数佛教宗派的法脉，尽管这些法脉可能在中古中国并不存在——至少当事人并不了解，比如玄奘自己都不知道还有一个唯识宗（或者法相宗、慈恩宗）的存在。从他的著作中，既读不出他有开宗立派的企图，甚至找不到隋唐任何文献中存在"唯识宗"之类的说法。

佛教的宗派之说，比我们想象的更加晚起。而且，由于佛教在中国、日本、朝鲜等地发展脉络不同，各自构建的法脉也并不相同。近代杨文会跟小栗栖香顶的关于净土宗的争论，正是由于各自对净土宗法脉认识不同而引发的。不过需要指出的是，这种法脉，更多的是一种后期的建构，而不是被描述对象使用的概念。帮助杨文会回传佛教典籍的南条文雄，属于日本净土真宗大谷派，杨文会也尤其注意收集有关净土的佛教典籍，他选取昙鸾《往生论注》、道绰《安乐集》、善导《观无量寿经疏》（《四帖疏》）等12部净土教典籍，汇编成《净土古逸十书》出版，这是隋唐净土典籍回流中国的重要事件。不过值得指出的是，在隋唐时代，净土宗并不存在，甚至"净土宗"这一概念，都并不为人所用。

玄奘法师在历史和学术上的重要意义，也在 19 世纪开始被学界重新发掘出来。虽然玄奘在唐太宗、高宗时代曾经在佛教界扮演了重要的角色，但是其形象与地位在后代已出现模糊和下降。然而到了近代，玄奘的历史地位被重新发掘出来。而近代学术对玄奘的研究，最初却发端于西方，后来才影响到中国。19 世纪开始，欧洲东方学兴起，这跟当时西方文明往世界其他地区的扩张有关联性。这些东方学者尤为注意作为东西方物质和精神纽带的丝绸之路，玄奘的《大唐西域记》的学术价值在这样的学术潮流中就体现出来了。早在 1834 年，德国学者克拉泊罗斯（J. Klaproth）就发表了《玄奘在中亚与印度的旅行》一书，此后关于玄奘及其著作的研究，层出不穷，一直是西方相关领域学者关注的焦点。19 世纪中期，法国学者儒莲翻译了玄奘法师的传记，即《大唐慈恩寺三藏法师传》，以及玄奘的《大唐西域记》。1904 年，日本学者山下次发表了有关玄奘《大唐西域记》所见都货罗国的论文。1910 年，日本京都帝国大学也出版了关于《大唐西域记》的研究。中国学界在国外东方学的推动下，也开始进行玄奘及著作、思想的研究，比如 1919 年，丁谦就在《方志月刊》第 6 卷第 2 期发表了《西域记考证》的论文。此后关于玄奘的研究，有大批优秀的著作面世。玄奘的冒险精神，被梁启超等中国学者视为中国精神的重要体现，可与西方的地理大发现相媲美。对于玄奘的研究，自然延伸到唯识宗的研究上，也间接助推了唯识之学的复兴。

从上述的分析可以看出，玄奘及其唯识宗成为学界关注的对象，具有特殊的时代背景，跟近代以来中国的社会变迁及思想起伏存在紧密关系。唯识学在近代学术上的地位，跟隋唐时代唯识学的地位，并不存在直接的连续性。近代唯识学是受到日本唯识典籍和教义传入，综合了西方哲学思想的某些元素，加上中国本土学者的理解和阐发而成的一种新的学术体系。如果对比唯识宗在其他文明体的情形，也可看出这样一个情况。比如越南，在20世纪之前，并不了解所谓唯识宗，也还不知道玄奘和窥基对唯识宗经论的注疏工作，甚至不知道这样一个宗派的存在。但是20世纪初中国的佛教复兴运动带来的唯识学兴起，也带动越南重新理解佛教，唯识宗也最终为越南所认知。

### 三　日本《八宗纲要》的传入及其影响

杨文会在回传中土散佚佛教典籍，尤其是唯识学典籍的同时，也将日本僧人的撰述一并传入中国，其中凝然的《八宗纲要》一书也随之而来，并获得注意。凝然是日本镰仓时代的僧侣，其年轻时代即撰《八宗纲要》，明确提到日本的八个佛教宗派，其中就有法相宗，包括三论、法相、华严、律、成实、俱舍、天台、真言。虽然凝然列举了八个宗派，但是也附上了禅宗和净土宗，所以实际上是列举了十个宗派。从文献次序来看，这很可能是最早的八宗之说。杨文会对宋明之间的宗派谱系未必清楚，但是对《八宗纲要》中整齐的宗派谱系却非常感兴趣。清末以来，中国学者对中国佛教宗派的理解，深受《八宗纲要》观点影响。对于凝然所列的八宗，杨文会则补充作十宗。他自述云："顷见日本凝然上人所著《八宗纲要》，引证详明，而非初学所能领会，因不揣固陋，重作十宗略说。"高观如（？—1979年）则认为当时中土所传原有十一宗，经过融摄之后，则唯存八宗而已。此后，中国学者虽然有所调整，但大多认为中国佛教存在宗派林立的情景。

我们将各类著作关于宗派的观点列表如下：

| 出处 | 宗数 | 各宗 |
|---|---|---|
| 《释门正统》 | 6 | 天台、华严、法相、律宗、禅宗、密宗 |
| 《佛祖统纪》 | 6 | 天台、华严、法相、律宗、禅宗、密宗 |
| 《八宗纲要》 | 8 | 天台、华严、法相、律宗、三论、成实、俱舍、真言 |
| 杨文会 | 10 | 天台、贤首、慈恩、律宗、禅宗、密宗、三论、净土、成实、俱舍 |
| 高观如 | 11 | 天台、华严、法相、律宗、禅宗、涅槃、三论、净土、摄论、真言、地论 |
| 蒋维乔 | 8 | 天台、华严、法相、戒律、禅宗、密教、三论、念佛 |
| 汤用彤 | 10 | 天台、华严、法相、戒律、禅宗、密宗、三论、净土、真言、三阶教,后修订为天台、禅宗、华严、法相、真言、律宗 |
| 镰田茂雄 | 8 | 天台、华严、法相、律宗、禅宗、密宗、净土、三阶教 |
| 吕澂 | 5 | 天台、三论、慈恩、贤首、禅宗 |
| 蓝吉富 | 8 | 天台、华严、法相、律宗、禅宗、三论、真言、三阶教 |
| 《中国佛教百科全书》 | 9 | 天台、华严、法相唯识、律宗、禅宗、三论、净土、密宗、三阶教 |

从上述数据看,从关于宗派的概念和数量开始,学者之间就不一致。而且往往随着新信息的出现,就会发生变化。比如三阶教被揭示出来之后,汤用彤、镰田茂雄等就将其纳入宗派行列之中。就组织和教义来说,三阶教更像是一个宗派,这一点毋庸置疑。但是在三阶教被研究之前,比如蒋维乔的《中国佛教史》,里面就没有三阶教,而将净土宗称为念佛宗。

## 四 余论

陈寅恪在《冯友兰中国哲学史下册审查报告》中论道:"窃疑中国自今日以后,即使能忠实输入北美或东欧之思想,其结局当亦等于玄奘唯识之学,在吾国思想史上既不能居最高之地位,且亦终归于歇绝者。其真能于思想上自成系统，有所创获者，必须一方面吸收输入外来之学说，一方面不忘本来民族之地位。"和唐代唯识宗的兴盛未久即趋衰绝一样，唯识学在 20 世纪初的再兴，也是好景不长。专弘唯识的机构团体支那内学院、三时学会、法相学社等，都于 50 年代初相继停止活动，人才渐趋凋零，后继乏人。若从 1910 年杨文会创佛学研究会提倡研习唯识算起，唯识学再兴的时间，总共才 40 年。

　　思想体系也是需要开放的，不能存门户之见，兼容并蓄，才能获得较快的发展。若历史上本无那么森严的宗派隔阂，那么从宗派佛教到融合佛教，就顺理成章。太虚法师曾经试图复兴弥勒净土信仰，重新构建一个新的佛教宗派"慈宗"，在其 1922 年创办武昌佛学院时，曾试图将唯识宗和弥勒信仰结合在一起，用宗派复兴的形式复兴弥勒净土信仰。1932 年主持雪窦寺时，太虚法师将慈宗阐释为一个融贯全部佛法、以总持义面目出现的佛教发展新方向，并发展出建设人间净土的新弥勒信仰思想，超越了以往只注重往生的净土思想，是对第一次构建活动的转向和超越，消解和升华了此前的宗派意识。太虚晚年的定论重在提倡"今菩萨行"的人生佛教，明确表白自己的意趣不在做"专承一宗之徒裔"，由此为近代以后"人间佛教"的倡扬奠定了思想基础。其实尽管杨文会重塑宗派学说，但是他接引学人，也向无门户之见，不拘宗派。谭嗣同善华严，黎端甫善三论，桂伯华善密宗，章太炎、孙少侯、李证刚、梅光羲、蒯若木、欧阳渐等则善法相唯识。

# 后 记

　　开始写作的，是一个白衣飘飘的单纯少年；完稿的，却是一个腹黑大叔。人在有限的时空里，感受着贪嗔痴带来的百般痛苦，也经历着聚散离合带来的悲欢。五千年读史，三千里功名，最后也不过落脚于诗酒田园。年过不惑，才意识到人生不过是一场修行，从来就不是一场比赛——如果是比赛，谁先跑完谁先走——可是，一切都来不及了。按照佛陀的说法，一切皆有因果，一切皆是因果。过去经历那么多的故事，有别人负我，有我负别人。如果是别人负我，有足够的智慧就能化解，反而觉得洒脱，甚至感觉自己内心光明，顿时释然；如果我负别人，则辗转反侧，深受折磨。但就算是菩萨，也在累世修行中犯错，芸芸众生，有谁可以说自己没有一点旧恨心魔，没有一点无心过错？能够做到笑看风云的又有几个？很多细节，在当时并不觉得难过，但是数年、数十年后的触景生情，甚至可以让人泪如雨下。当无可挽回时，我们往往期盼来世，希望再来一次，期待可以做得更好。但是菩萨畏因，凡人畏果，再来一次，恐怕也不会有什么不同。

　　后记写成这个基调，就远离宏大叙事吧，毕竟英雄每作诳人语。我也不想感谢特别多的人，因为最应该感谢的是我自己。

1996 年我踏进北大校园的时候，秋风飒飒，我第一次出远门，但是就此停不下来脚步。北京 7 年，美国 7 年，上海 7 年，杭州已接近 7 年，都没能在一个地方停下来。从 17 岁离开家的那一刻起，就再也回不去了。佛经中讲父母恩重难以报答，只有在自己陷入绝境的时候才有最深切的体会。2016 年底，我驾车从上海出发，迁居杭州，于深夜抵达。那时的心境至今不忘。那天月色正好，而我单枪匹马，面对命运的挑战，不自量力地还手，至死方休。妈妈打来电话，只说："不行就回家，怎么都能过。"能做父母的孩子，一定是有很深的缘分。

人生的意义是自己赋予的。自己只是自己故事的主人公，在别人的故事里，只是配角。人生的本质，就是一个人活着。人类很难感同身受，我们那些惊天动地的伤痛，在别人眼里，不过是随手拂过的尘埃。没有人有绝对的义务帮助我们，如果有人做了，我们就要记得。我是非常幸运的人，在我的学术生涯中，得到太多长辈、同人的关怀和支持。如果我要感谢，我需要列出长长的名单来。我不应该有分别心，所以我在这里只感谢一个人，并不是因为他是我最好的朋友，而是我在写这篇后记时喝的茶，是他送的。我就不纠结了，感谢一下圣凯法师。

我和圣凯法师第一次结缘，是在温哥华的一次学术会议上。当时陈金华教授组织的一个高规格的研讨会，我和法师一同与会。返程时在机场告别，他说："孙老师，你太胖了，我给你一些茶，你喝了就瘦了。"我以为只是开开玩笑，没想到回头真的收到他寄来的茶叶。我是不太喝茶的，一直喝咖啡。但是有这个机缘，就开始喝茶。慢慢的，我习惯了喝茶。写作时尤其需要。从《神文时代》《隋唐五代史》《犍陀罗文明史》，到即将出版的本书，都是他专供的茶叶。所以我一旦没有思路写不下去的时候，就把责任推到法师头上，认为是他没有及时给我茶叶。法师学问极佳，人品一流，是高僧，也是一等一的好学者和好老师。我们曾多次合作给年轻学者、学生举办国际一流师资授课的暑期研修班，也共同主持"国际佛教与中国宗教研究丛书"。碰到问题时，会交流意见，互相打气。时光转瞬即逝，我和法师也认识十多年了。我永远记得，他在我低谷的时候支持我，大有天下人皆曰可杀也要认我做朋友的架势。正是有太多懂我、支持我、信任我的同人们，我才走到现在。

佛教从恒河流域起源，在犍陀罗酝酿，飞跃进入中国。不论是提倡自我修行、自我成就的罗汉道，还是提倡上求菩提、下化众生的菩萨道，都曾护佑过和护佑着万千众生，让大家心灵得到些许安稳宁静。菩萨不过多介入别人的因果，但是也有"我不下地狱谁下地狱"的精神。我们期待顿悟带来的喜悦，也做好了累世修行的准备。一花一世界，一叶一菩提，在宏大历史叙事中，希望找到我们自己存在的意义。